WEEKLY STUDY PLAN

Name of the Test ←テスト名を書こう。

Test Period ←

/ ～ /

テスト期間を書こう。〔実…

Date	To-do List	←やることを書こう。(例)「英単語を10個覚える」。など。

Time Record ←

0分 10 20 30 40 50 60分

- 1時間
- 2時間
- 3時間
- 4時間
- 5時間
- 6時間

勉強する日付を書こう。

/ ( )

Time Record
0分 10 20 30 40 50 60分
- 1時間
- 2時間
- 3時間
- 4時間
- 5時間
- 6時間

Time Record
0分 10 20 30 40 50 60分
- 1時間
- 2時間
- 3時間
- 4時間
- 5時間
- 6時間

Time Record
0分 10 20 30 40 50 60分
- 1時間
- 2時間
- 3時間
- 4時間
- 5時間
- 6時間

Time Record
0分 10 20 30 40 50 60分
- 1時間
- 2時間
- 3時間
- 4時間
- 5時間
- 6時間

Time Record
0分 10 20 30 40 50 60分
- 1時間
- 2時間
- 3時間
- 4時間
- 5時間
- 6時間

WEEKLY STUDY PLAN

Name of the Test

Date	To-do List

/ ( )

/ ( )

/ ( )

/ ( )

/ ( )

/ ( )

WEEKLY STUDY PLAN

Gakken New Course Study Plan Sheet

Test Period

/ ~ /

Name of the Test

Test Period

/ ~ /

Date　**To-do List**

/

( )

/

( )

/

( )

/

( )

/

( )

/

( )

/

( )

Time Record

0分 10　20　30　40　50　60分

1時間
2時間
3時間
4時間
5時間
6時間

【 学 研 ニ ュ ー コ ー ス 】

問題集

中学英文法

Gakken

中学英文法 問題集

「解答と解説」は別冊になっています。
➤ 本冊と軽くのりづけされていますので，
　はずしてお使いください。

本書の特長と使い方

特長	ステップ式の構成で 無理なく実力アップ	充実の問題量 ＋ 総合力テストつき	スタディプランシートで スケジューリングも サポート

【1見開き目】

テストに出る！　重要ポイント

各項目のはじめには，要点が整理されています。まずはここに目を通して，テストによく出るポイントをおさえましょう。

Step 1　基礎力チェック問題

基本的な問題を解きながら，各項目の基礎が身についているかどうかを確認できます。
わからない問題や苦手な問題があるときは，「得点アップアドバイス」を見てみましょう。

【2～3見開き目】

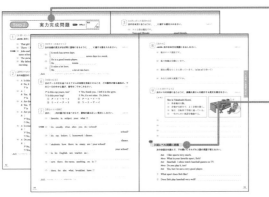

Step 2　実力完成問題

標準レベルの問題から，やや難しい問題を解いて，実戦力をつけましょう。まちがえた問題は解き直しをして，解ける問題を少しずつ増やしていくとよいでしょう。

入試レベル問題に挑戦

各項目の，高校入試で出題されるレベルの問題に取り組むことができます。どのような問題が出題されるのか，雰囲気をつかんでおきましょう。

✓よくでる	定期テストでよく問われる問題。	ミス注意	まちがえやすい問題。	ハイレベル	発展的な問題。	ヒント	問題を解くためのヒント。	思考	応用して考える必要のある問題。

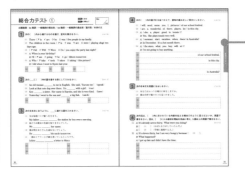

総合力テスト

学習した複数の文法項目についてのテストで，力試しができます。制限時間内でどれくらい得点が取れるのか，テスト本番に備えて取り組んでみましょう。
巻末には，高校入試模擬テストもあります。

スタディプランシート【巻頭】

勉強の計画を立てたり，勉強時間を記録したりするためのシートです。計画的に勉強するために，ぜひ活用してください。

英文法
学習の基礎

●この巻頭特集では，「文型」や「品詞」など，文法を学ぶうえで理解しておくべき基礎的な内容をまとめました。英語の骨組みとなるルールを確認しておきましょう。

01　英語の文のしくみ

英語の文はふつう，「主語」「動詞」「目的語」「補語」の4つのおもな要素と修飾語（句）との組み合わせで成り立っています。これらの組み合わせには5つのパターンがあります。

1　主語＋動詞　（SV）

●「主語」（「〜は」「〜が」を表す語）と「動詞」でできている文です。「主語（subject）」と「動詞（verb）」の英語の頭文字をとって「SVの文」ともよばれます。動詞のあとに修飾語（句）がついている場合もあります。

She sings very well.
S　　V　　修飾語句
（彼女はとてもじょうずに歌います。）

I walk every morning.
S　V　　修飾語句
（私は毎朝歩きます。）

2　主語＋動詞＋補語　（SVC）

●おもにbe動詞がつくる文型です。動詞のあとに，主語を説明する「補語（complement）」があり，「主語＝補語」の関係になっています。
●be動詞以外に，become（〜になる）などの一部の一般動詞もこの文型をつくります。

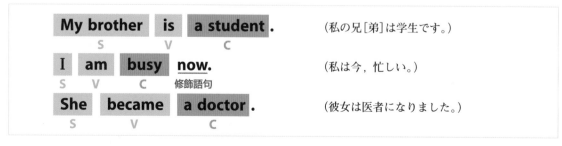

My brother is a student.
S　　V　C
（私の兄[弟]は学生です。）

I am busy now.
S　V　C　修飾語句
（私は今，忙しい。）

She became a doctor.
S　　V　　C
（彼女は医者になりました。）

3　主語＋動詞＋目的語　（SVO）

●主語・動詞と，その動詞の「目的語（object）」でできて
　いる文です。動詞の目的語とは「～を」にあたる語で，
　一般動詞のすぐあとにおかれて動作の対象を表します。
●目的語はふつうは名詞か代名詞ですが，不定詞（to ～）
　や動名詞（～ing）などがくることもあります。

（私は英語をとても好みます。
　→　私は英語が大好きです。）

（彼女はきのうテニスをしました。）

4　主語＋動詞＋目的語＋目的語　（SVOO）

●「（人）に（物）をあげる」などと言うときの文型で，
　主語・動詞と2つの目的語でできています。目
　的語の1つめは「（人）に」にあたり，2つめは
　「（物）を」にあたります。
●give（与える），teach（教える）など，一部の一
　般動詞だけがこの文型をつくります。

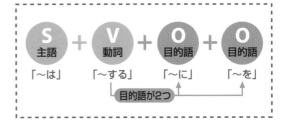

（トムは私に本をくれました。）

（彼女は私たちに英語を教えます。）

5　主語＋動詞＋目的語＋補語　（SVOC）

●「～を…と呼ぶ」などと言うときの文型で，主語・
　動詞・目的語と補語でできています。補語は直
　前の目的語を説明していて，「目的語＝補語」の
　関係になっています。
●call（呼ぶ），name（名づける）など，一部の一
　般動詞だけがこの文型をつくります。

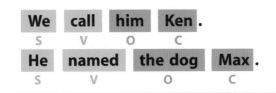

（私たちは彼をケンと呼びます。）
*him ＝ Ken の関係

（彼はその犬をマックスと名づけました。）
*the dog ＝ Max の関係

02 単語の品詞

● 英語の単語は次の10種類の品詞に分けることができ，それぞれ文中での働きが異なります。

名 詞	book （本） water （水） Japan （日本） peace （平和）	ものの名前を表す語です。a book / two books のように，1つ，2つ…と数えられる名詞（可算名詞）と，water のように数えられない名詞（不可算名詞）があります。
代名詞	you （あなたは[を]） it （それは[を]） this （これ） something （何か）	名詞の代わりをする語です。このうち I，you，he などは「人称代名詞」と呼ばれ，文中での働き（主語になるか，目的語になるかなど）によって形が変化します。
動 詞	am, is, are （be動詞） go （行く） know （知っている） give （与える）	「〜する」「〜である」のように動作や状態を表す語で，主語のあとにおかれます。be動詞と，それ以外の動詞（一般動詞）とに分けられます。
助動詞	can （〜できる） will （〜だろう） may （〜してもよい）	動詞の前において，いろいろな意味をつけ加えます。 He can speak Chinese.　（彼は中国語を話せます。） できる
形容詞	good （よい） happy （幸せな） new （新しい） some （いくつかの）	ものの状態やようすを表す語で，名詞を修飾したり，補語になったりします。 This is a new book.　（これは新しい本です。） 名詞を修飾 This book is new.　（この本は新しい。） 補語
副 詞	well （じょうずに） very （とても） there （そこで，そこに） today （きょう）	動詞または形容詞を修飾して，ようす・時・場所などを表します。ほかの副詞を修飾することもあります。 He runs fast.　（彼は速く走ります。） 動詞を修飾
前置詞	in （〜に，〜の中に） for （〜のために，〜の間） with （〜といっしょに） by （〜によって）	名詞または代名詞の前において，時・場所・方向や手段など，いろいろな意味を表します。 at nine （9時に）　to the station （駅へ）
接続詞	and （〜と…，そして） but （しかし） that （〜ということ） when （〜のとき）	語と語，句と句，文と文を結びつける語です。 Tom and Mary （トムとメアリー） I think that he is kind.　（私は彼は親切だと思います。）
冠 詞	a, an, the	名詞の前において，「1つの」「その」などの意味を表します。
間投詞	oh, hi, wow など	感情や呼びかけなどを表す語で，文中で独立しています。

03 語形変化に注意すべき語

●語形変化のルールは本編でも解説していますが，特に覚えておくべき語をまとめました。

1 名詞の複数形

●名詞の複数形は，ふつうは単数形の**語尾に s**
をつけますが，次の語に注意しましょう。

es をつける語	bus (バス) ▶ **buses** class (授業, クラス) ▶ **classes** glass (コップ) ▶ **glasses**	box (箱) ▶ **boxes** watch (うで時計) ▶ **watches** dish (皿) ▶ **dishes**
y を i にかえて es をつける語	city (都市) ▶ **cities** story (物語) ▶ **stories** country (国) ▶ **countries**	dictionary (辞書) ▶ **dictionaries** library (図書館) ▶ **libraries** family (家族) ▶ **families**
y にそのまま s をつける語	boy (男の子) ▶ **boys** day (日) ▶ **days**	way (道) ▶ **ways** key (かぎ) ▶ **keys**
f, fe を ves に かえる語	leaf (葉) ▶ **leaves**　　life (生命) ▶ **lives**　　knife (ナイフ) ▶ **knives**	
不規則に変化 する語	man (男性) ▶ **men** woman (女性) ▶ **women**	child (子ども) ▶ **children** foot (足) ▶ **feet**

＊単数形と複数形が同じ形のものもある。例 fish (魚) ▶ fish　　sheep (ヒツジ) ▶ sheep

2 動詞の3人称単数・現在形

●一般動詞の3単現は，ふつうは原形の**語尾に s**
をつけますが，次の語に注意しましょう。

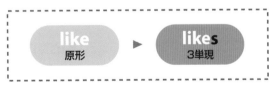

es をつける語	go (行く) ▶ **goes** do (する) ▶ **does** catch (つかまえる) ▶ **catches**	teach (教える) ▶ **teaches** finish (終える) ▶ **finishes** wash (洗う) ▶ **washes**
y を i にかえて es をつける語	study (勉強する) ▶ **studies** try (やってみる) ▶ **tries** cry (泣く) ▶ **cries**	carry (運ぶ) ▶ **carries** worry (心配する) ▶ **worries** fly (飛ぶ) ▶ **flies**
y にそのまま s をつける語	play (《スポーツ》などをする) ▶ **plays** stay (滞在する) ▶ **stays**	enjoy (楽しむ) ▶ **enjoys** say (言う) ▶ **says**
不規則に変化	have (持っている) ▶ **has**	

3　動詞の-ing形

●動詞の-ing形は，ふつうは原形の**語尾に ing**
をつけますが，次の語に注意しましょう。

e をとって ing をつける語	make (作る) ▶ **making**	invite (招待する) ▶ **inviting**
	take (とる) ▶ **taking**	move (動かす) ▶ **moving**
	use (使う) ▶ **using**	live (住む) ▶ **living**
	come (来る) ▶ **coming**	have (食べる) ▶ **having**
	write (書く) ▶ **writing**	arrive (到着する) ▶ **arriving**
語尾の文字を 重ねる語	begin (始める) ▶ **beginning**	run (走る) ▶ **running**
	cut (切る) ▶ **cutting**	sit (すわる) ▶ **sitting**
	get (手に入れる) ▶ **getting**	stop (やめる) ▶ **stopping**
	hit (打つ) ▶ **hitting**	swim (泳ぐ) ▶ **swimming**
	put (置く) ▶ **putting**	win (勝つ) ▶ **winning**
ie を y にかえて ing をつける語	die (死ぬ) ▶ **dying**	lie (横になる) ▶ **lying**

4　形容詞・副詞の比較級・最上級

●ふつう比較級は**語尾に er** をつけ，
最上級は**語尾に est** をつけますが，
次の語に注意しましょう。

r, st を つける語	large (大きい) ▶ **larger** ▶ **largest**	late 〈時間が〉遅い) ▶ **later** ▶ **latest**
y を i に かえる語	busy (忙しい) ▶ **busier** ▶ **busiest**	happy (幸せな) ▶ **happier** ▶ **happiest**
	early (早い) ▶ **earlier** ▶ **earliest**	heavy (重い) ▶ **heavier** ▶ **heaviest**
	easy (簡単な) ▶ **easier** ▶ **easiest**	pretty (かわいらしい) ▶ **prettier** ▶ **prettiest**
語尾の文字 を重ねる語	big (大きい) ▶ **bigger** ▶ **biggest**	hot (熱い) ▶ **hotter** ▶ **hottest**
前に more, most を つける語	beautiful (美しい) ▶ **more beautiful** ▶ **most beautiful** interesting (おもしろい)　popular (人気がある)　slowly (ゆっくりと) difficult (難しい)　famous (有名な)　quickly (すばやく) important (重要な)　useful (役に立つ)　easily (簡単に)	
不規則に 変化する語	good (よい) ▶ **better** ▶ **best** well (じょうずに) ▶ **better** ▶ **best** bad (悪い) ▶ **worse** ▶ **worst**	many (多数の) ▶ **more** ▶ **most** much (多量の) ▶ **more** ▶ **most** little (少量の) ▶ **less** ▶ **least**

5 動詞の過去形・過去分詞

●規則動詞の過去形・過去分詞はふつう，原形の**語尾に ed** をつけますが，次の語に注意しましょう。

d だけをつける語	like (好む) ▶ **liked**	move (動かす) ▶ **moved**
	use (使う) ▶ **used**	live (住む) ▶ **lived**
	invite (招待する) ▶ **invited**	arrive (到着する) ▶ **arrived**
y を i にかえて ed をつける語	study (勉強する) ▶ **studied**	carry (運ぶ) ▶ **carried**
	try (やってみる) ▶ **tried**	worry (心配する) ▶ **worried**
	cry (泣く) ▶ **cried**	hurry (急ぐ) ▶ **hurried**
y にそのまま ed をつける語	play (《スポーツなどを》する) ▶ **played**	enjoy (楽しむ) ▶ **enjoyed**
	stay (滞在する) ▶ **stayed**	
語尾の文字を重ねる語	stop (やめる) ▶ **stopped**	plan (計画する) ▶ **planned**

●不規則動詞はひとつひとつ**不規則に変化**します。それぞれ正しく覚えましょう。

		過去形	過去分詞			
ABC型	begin (始める) ▶ **began** ▶ **begun**			know (知っている) ▶ **knew** ▶ **known**		
	break (こわす) ▶ **broke** ▶ **broken**			see (見える) ▶ **saw** ▶ **seen**		
	do (する) ▶ **did** ▶ **done**			speak (話す) ▶ **spoke** ▶ **spoken**		
	give (与える) ▶ **gave** ▶ **given**			take (とる) ▶ **took** ▶ **taken**		
	go (行く) ▶ **went** ▶ **gone**			write (書く) ▶ **wrote** ▶ **written**		

ABA型	become (〜になる) ▶ **became** ▶ **become**	run (走る) ▶ **ran** ▶ **run**
	come (来る) ▶ **came** ▶ **come**	

ABB型	build (建てる) ▶ **built** ▶ **built**	make (作る) ▶ **made** ▶ **made**
	buy (買う) ▶ **bought** ▶ **bought**	meet (会う) ▶ **met** ▶ **met**
	feel (感じる) ▶ **felt** ▶ **felt**	say (言う) ▶ **said** ▶ **said**
	find (見つける) ▶ **found** ▶ **found**	send (送る) ▶ **sent** ▶ **sent**
	have (持っている) ▶ **had** ▶ **had**	teach (教える) ▶ **taught** ▶ **taught**
	hear (聞こえる) ▶ **heard** ▶ **heard**	tell (伝える) ▶ **told** ▶ **told**
	leave (去る) ▶ **left** ▶ **left**	think (思う) ▶ **thought** ▶ **thought**

AAA型	cut (切る) ▶ **cut** ▶ **cut**	put (置く) ▶ **put** ▶ **put**
	hit (打つ) ▶ **hit** ▶ **hit**	set (設置する) ▶ **set** ▶ **set**
	hurt (傷つける) ▶ **hurt** ▶ **hurt**	read (読む)[ríːd] ▶ **read**[réd] ▶ **read**[réd]

1 be動詞・一般動詞の現在形

攻略のコツ 現在の文について学習します。動詞の変化や，疑問文・否定文の作り方に注意しましょう。

テストに出る！ 重要ポイント

❶ be 動詞の現在形

❶ be 動詞の形
・文の主語によって，am，are，is の３つの形を使い分ける。
└「〜は」「〜が」にあたる語

❷ 疑問文
・疑問文は，be 動詞を主語の前に出す。

（肯定文）　This **is** your book.　（これはあなたの本です。）
be 動詞(is)を主語(this)の前に
（疑問文）　**Is** this your book?　（これはあなたの本ですか。）

❸ 否定文
・否定文は，be 動詞のあとに not を入れる。

（肯定文）　This is your book.　（これはあなたの本です。）
be 動詞(is)のあとに not
（否定文）　This is **not** your book.　（これはあなたの本ではありません。）

❹ There is 〜.
・〈There **is[are]**＋主語＋場所を表す語句.〉で「…に〜があります」
└主語が単数なら is. 複数なら are
の意味。疑問文は is[are] を there の前に出し，否定文は is[are] のあとに not を入れる。

There is a book on the desk.　（机の上に本が１冊あります。）
Are there any books on the desk?　（机の上に本はありますか。）

❷ 一般動詞の現在形

❶ ３単現の形
・主語が３人称で単数のとき，一般動詞の語尾には s をつける。
└自分 (I) と相手 (you) 以外　　　　　　　　　　　└es をつける語もある

❷ 疑問文
・疑問文は，do または does を主語の前におき，〈Do[Does]＋主語＋
└主語が3人称単数のとき
動詞の原形〜?〉の形にする。

（肯定文）　You like music.　（あなたは音楽が好きです。）
主語の前に Do
（疑問文）　**Do** you like music?　（あなたは音楽が好きですか。）

（主語が3人称単数）　He likes music.　（彼は音楽が好きです。）
└3単現の s
主語の前に Does
Does he like music?　（彼は音楽が好きですか。）
└原形（3単現の s がつかない形）

❸ 否定文
・否定文は，do not または does not を一般動詞の前におく。
└主語が3人称単数のとき

（肯定文）　I play tennis.　（私はテニスをします。）
動詞の前に don't
（否定文）　I **don't** play tennis.　（私はテニスをしません。）
└= do not

（主語が3人称単数）　She plays tennis.　（彼女はテニスをします。）
└3単現の s
動詞の前に doesn't
She **doesn't** play tennis.　（彼女はテニスをしません。）
└= does not　└原形

▶次の（　）内から適するものを選びなさい。

☑① 私は佐藤かおりです。

I （ ア am　イ are　ウ is ） Sato Kaori.

☑② 私の母は音楽の教師です。

My mother （ ア am　イ are　ウ is ） a music teacher.

☑③ 彼女の部屋にはたくさんの本があります。

There （ ア am　イ are　ウ is ） a lot of books in her room.
└ 主語は複数

☑④ あなたは英語をじょうずに話します。

You （ ア speak　イ speaks　ウ spoke ） English well.

☑⑤ 翔太は毎日ピアノをひきます。
しょうた

Shota （ ア play　イ plays　ウ played ） the piano every day.

▶次の動詞の３人称単数・現在形を書きなさい。

☑⑥ walk _____ ☑⑦ like _____

☑⑧ go _____ ☑⑨ watch _____
　　└ 語尾が o　　　　　　　　　　　　　└ 語尾が ch

☑⑩ study _____ ☑⑪ have _____
　　└ （子音字＋y）

▶次の英文を疑問文に書きかえるとき，適するものを選びなさい。

☑⑫ You are from Australia. （あなたはオーストラリア出身です。）

→ （ ア Are　イ Do　ウ Is ） you from Australia?

☑⑬ There is a picture on the wall. （壁に絵が１枚あります。）
　　　　　　　　　　　　　　　　かべ

→ （ ア Does　イ Do　ウ Is ） there a picture on the wall?
　　　　　　　　　　　　　　　└ 主語は単数

☑⑭ They play soccer after school. （彼らは放課後サッカーをします。）

→ （ ア Does　イ Do　ウ Are ） they play soccer after school?

☑⑮ Yoko has a nice camera. （洋子はすてきなカメラを持っています。）

→ （ ア Does　イ Do　ウ Is ） Yoko have a nice camera?

▶次の英文を否定文に書きかえるとき，適するものを選びなさい。

☑⑯ That is Emi's dog. （あれは恵美の犬です。）

→ That is （ ア not　イ isn't　ウ don't ） Emi's dog.

☑⑰ We live in this town. （私たちはこの町に住んでいます。）

→ We （ ア aren't　イ don't　ウ doesn't ） live in this town.

☑⑱ Ken knows my sister. （健は私の妹を知っています。）

→ Ken （ ア isn't　イ don't　ウ doesn't ） know my sister.

---

1 be動詞・一般動詞の現在形

得点アップアドバイス

be 動詞（現在形）の使い分け

主語	be 動詞
I	am
you	are
複数	are
3 人称単数	is

一般動詞の現在形

主語	一般動詞
I	play
you	play
複数	play
3 人称単数	plays

3 単現の -s, -es のつけ方

動詞の語尾	つけ方
ふつう	-s
s, sh, ch, o, x など	-es
子音字＋y	y → ies

＊ play のように y の前が母音字（a, i, u, e, o）の場合は，そのまま s をつける。

3 単現の -s, -es の発音

① [s ス]
 likes, helps

② [z ズ]
 plays, goes

③ [iz イズ]
 watches, uses

not を使う短縮形

is not	→	isn't
are not	→	aren't
do not	→	don't
does not	→	doesn't

（注）am not には短縮形はない。

実力完成問題

解答▶ 別冊p.2

得点 ╱100

1 【主語に応じた動詞】

✓よくでる 次の（　　）内から適するものを選び，記号を○でかこみなさい。　〈1点×5〉

(1) That girl（ ア is　イ am　ウ are　エ does ）my friend.

(2) There（ ア is　イ do　ウ are　エ does ）some people in the park.

ミス注意 (3) John and I（ ア was　イ are　ウ is　エ am ）high school students and go to the same school.

(4) The pictures in this room（ ア is　イ was　ウ does　エ are ）very beautiful.

(5) My father（ ア leaves　イ leave　ウ leaving　エ to leave ）home at six every morning.

2 【疑問文の形と答え方】

次の対話文の（　　）に適するものを下から選び，記号を○でかこみなさい。　〈2点×6〉

(1) A: Is this song popular in your school?

　　B: No, it（　　　　　　）.

　　ア is　　　　　　　イ isn't　　　　　　ウ does　　　　エ aren't

(2) A:（　　　　　　　）your brother like sports?

　　B: Yes. He often plays soccer on Sundays.

　　ア Is　　　　　　　イ Are　　　　　　　ウ Does　　　　エ Do

(3) A: Are there any students in the classroom?

　　B: Yes. There（　　　　　　）a girl. She's studying.

　　ア is　　　　　　　イ are　　　　　　　ウ isn't　　　　エ aren't

(4) A: Are you and Kate friends, Emi?

　　B:（　　　　　　　）

　　ア Yes, we do.　　イ Yes, we are.

　　ウ No, they don't.　エ No, they aren't.

(5) A: Is your mother a doctor?

　　B:（　　　　　　　）She works at Minami City Hospital.

　　ア Yes, she does.　イ Yes, she is.

　　ウ No, she doesn't.　エ No, she isn't.

(6) A: Do you learn Japanese in your country?

　　B:（　　　　　　　）We learn English and Spanish.
　　　　　　　　　　　　　　　　　　└「スペイン語」

　　ア No, we don't.　　イ No, we aren't.

　　ウ Yes, we do.　　　エ Yes, we are.

ヒント (5)(6)空所のあとに続く文の内容から，Yes / No を判断する。

3【主語に応じた動詞の形】

次の日本文に合うように，____に適する語を入れなさい。 〈2点×7〉

(1) トムと浩は親友です。
Tom and Hiroshi _____ good friends.

(2) 美佳には兄弟が2人います。
Mika _____ two brothers.

(3) 彼らは背が高いですか。— いいえ，背が高くはありません。
_____ they tall? — No, they _____ .

(4) あなたは新しい自転車がほしいですか。— はい，ほしいです。
_____ you want a new bike? — Yes, I _____ .

(5) この部屋に地図はありません。
_____ _____ a map in this room.

(6) 私の母はネコが好きではありません。
My mother _____ _____ cats.

ハイレベル (7) だれがこのコンピュータを使いますか。— 私の兄です。
Who _____ this computer?
— My brother _____ .

4【疑問文／否定文などへの書きかえ】

次の英文を（　）内の指示にしたがって書きかえなさい。 〈2点×8〉

(1) We go to the park in the morning. （下線部を Mr. Suzuki にかえて）

ミス注意 (2) There is a park in our town. （下線部を three にかえて）

----

(3) Ms. Green is a famous singer. （疑問文に）

----

(4) Your father speaks English. （疑問文に）

----

(5) They play the piano every day. （疑問文に）

----

(6) These books are interesting. （否定文に）

----

(7) Penguins fly. （否定文に）

----

(8) Mike eats *natto*. （否定文に）

----

5 【同意文への書きかえ】

次の各組の英文がほぼ同じ意味になるように，_____に適する語を入れなさい。 〈2点×3〉

(1) { A week has seven days.
_____ _____ seven days in a week.

(2) { He is a good tennis player.
He _____ tennis _____.

(3) { It rains a lot here.
We _____ a lot of rain here.

ヒント (1)「…には～があります」と言うときの形に。(2)「彼はテニスをじょうずにします」という文に。

6 【対話の応答】

次のア～エの文を並べかえて２人の対話を完成させるとき，どの順序が最も適当か。下の①～④の中から選び，番号を○でかこみなさい。 〈5点〉

ア Is this cap yours, too?　　　イ Yes, thank you. I left it in the gym.
ウ Is this your bag?　　　　　エ No, it's not mine. It's John's.

①　ア → イ → ウ → エ　　　②　ア → エ → イ → ウ
③　ウ → イ → ア → エ　　　④　ウ → エ → ア → イ

7 【現在の文の語順】

次の（　）内の語(句)を並べかえて，意味の通る正しい英文にしなさい。 〈2点×7〉

(1)（favorite, is, subject, your, what）?

ミス注意 (2)（do, usually, what, after, you, do）school?

_____ school?

(3)（do, my, before, I, homework）dinner.

_____ dinner.

(4)（students, how, there, in, many, are）your school?

_____ your school?

(5)（is, he, English, not, teacher, an）.

(6)（new, there, the menu, anything, on, is）?

(7)（does, for, she, what, breakfast, have）?

ヒント (2) usually（ふつう）は一般動詞の前にくる。

8 【英作文】

✓よくでる 次の日本文を英語になおしなさい。 〈3点×4〉

(1) 私はテニス部員です。

_____

(2) 私の両親は公園にいます。

_____

(3) 彼女は靴をたくさん持っています。(a lot of を用いて)

_____

(4) あなたは何人家族ですか。

_____

9 【人を紹介する文】

次のメモの内容に合うように，高橋久美さんを紹介する英文を書きなさい。 〈4点×4〉

〈メモ〉

| She is Takahashi Kumi. |
| (1)　出身地は大阪。 |
| (2)　音楽が大好きで，よく音楽を聞く。 |
| (3)　毎日，自転車で学校に通っている。 |
| (4)　一生けんめい英語を勉強する。 |

(1) _____

(2) _____

(3) _____

(4) _____

思考

入試レベル問題に挑戦

次の会話文を読んで，下の問いにそれぞれ3語の英語で答えなさい。

Bob:　I like sports very much.

Mary: What is your favorite sport, Bob?

Bob:　Baseball. I often watch baseball games on TV.

Mary: Do you play it, too?

Bob:　Yes, but I'm not a very good player.

① What sport does Bob like?　_____

② Does Bob play baseball very well?　_____

2 be動詞・一般動詞の過去形

攻略のコツ 過去の文について学習します。動詞の変化や，疑問文・否定文の作り方に注意しましょう。

テストに出る! 重要ポイント

① be動詞の過去形

1 be動詞の形
・文の主語によって **was** と **were** を使い分ける。am と is の過去形は was，are の過去形は were。

2 疑問文
・疑問文は，be動詞を主語の前に出す。

（肯定文）　He was busy yesterday.　（彼はきのう忙しかった。）
be動詞(was)を主語(he)の前に
（疑問文）　Was he busy yesterday?　（彼はきのう忙しかったですか。）

3 否定文
・否定文は，be動詞のあとに not を入れる。

（肯定文）　He was busy yesterday.　（彼はきのう忙しかった。）
be動詞(was)のあとに not
（否定文）　He was not busy yesterday.　（彼はきのう忙しくなかった。）

4 There was ～.
・〈There was[were]＋主語＋場所を表す語句.〉で「…に～がありました」の意味。主語が単数なら was を，複数なら were を使う。
There was a book on the desk.（机の上に本が1冊ありました。）

② 一般動詞の過去形

1 一般動詞の形
・規則動詞と不規則動詞があり，規則動詞は語尾に **ed** をつけて過去形にするが，不規則動詞は1語ずつ異なる変化をする。
d だけをつける語もある
・過去の文では，主語が3人称単数であっても，動詞に s はつけない。

2 疑問文
・疑問文は規則動詞も不規則動詞も同じで，did を主語の前におき，〈**Did＋主語＋動詞の原形 ～?**〉の形にする。動詞を原形にすることに注意。
ed がつかない形
・主語が3人称単数であっても，疑問文の形（主語の前に did をおき，動詞は原形を使う）は変わらない。

（肯定文）　He played tennis.　（彼はテニスをしました。）
主語の前に Did　過去形の ed
（疑問文）　Did he play tennis?　（彼はテニスをしましたか。）
原形

3 答え方
・Did ～? の疑問文には，Yes, ～ did. か No, ～ didn't. で答える。
didn't not の短縮形

4 否定文
・否定文は did not を動詞の前におき，〈**主語＋ did not[didn't]＋動詞の原形 ～.**〉の形にする。動詞は必ず原形にする。

（肯定文）　She played tennis.　（彼女はテニスをしました。）
動詞の前に didn't　過去形の ed
（否定文）　She didn't play tennis.　（彼女はテニスをしませんでした。）
原形

▶ 次の（　　）内から適するものを選びなさい。

☑ ① 私はきのうは忙しかった。

I（ ア am　イ was　ウ were ）busy yesterday.

☑ ② 彼は昨年は学生でした。

He（ ア is　イ was　ウ were ）a student last year.

☑ ③ そこにはたくさんの子どもがいました。

There（ ア are　イ was　ウ were ）a lot of children there.
　　　　　　　　　　　　└ 主語は複数

☑ ④ 私たちは10年前そこに住んでいました。

We（ ア live　イ lives　ウ lived ）there ten years ago.

☑ ⑤ 彼女はこの前の日曜日に京都へ行きました。

She（ ア went　イ goes　ウ goed ）to Kyoto last Sunday.

▶ 次の動詞の過去形を書きなさい。

☑ ⑥ walk ＿＿＿＿＿＿＿ 　　☑ ⑦ stop ＿＿＿＿＿＿＿

☑ ⑧ like ＿＿＿＿＿＿＿ 　　☑ ⑨ study ＿＿＿＿＿＿＿
　　　└ 語尾が e　　　　　　　　　　　└ 子音字＋y

☑ ⑩ carry ＿＿＿＿＿＿＿ 　　☑ ⑪ have ＿＿＿＿＿＿＿
　　　└ 子音字＋y

☑ ⑫ come ＿＿＿＿＿＿＿ 　　☑ ⑬ write ＿＿＿＿＿＿＿

☑ ⑭ tell ＿＿＿＿＿＿＿ 　　☑ ⑮ think ＿＿＿＿＿＿＿

▶ 次の英文を疑問文に書きかえるとき，適するものを選びなさい。

☑ ⑯ They were in the library.（彼らは図書館にいました。）

→（ ア Was　イ Were　ウ Did ）they in the library?

☑ ⑰ You had a big bag.（あなたは大きいかばんを持っていました。）

→（ ア Was　イ Were　ウ Did ）you have a big bag?

☑ ⑱ He played tennis with her.（彼は彼女とテニスをしました。）

→ Did he（ ア play　イ plays　ウ played ）tennis with her?

▶ 次の文を否定文に書きかえるとき，適するものを選びなさい。

☑ ⑲ She was free this morning.（彼女はけさはひまでした。）

→ She（ ア wasn't　イ weren't　ウ didn't ）free this morning.

☑ ⑳ We were late for school.（私たちは学校に遅刻しました。）

→ We（ ア wasn't　イ weren't　ウ didn't ）late for school.

☑ ㉑ I watched TV yesterday.（私はきのうテレビを見ました。）

→ I（ ア wasn't　イ weren't　ウ didn't ）watch TV yesterday.

📢 得点アップアドバイス

be 動詞の使い分け

主語	現在	過去
I	am	was
you	are	were
複数	are	were
3人称単数	is	was

過去を表す語(句)

・yesterday（きのう）

・last ～（この前の～）

　last month（先月）

　last June（この前の6月）

・～ ago（～前）

　a week ago（1週間前）

　three days ago（3日前）

規則動詞の -ed のつけ方

動詞の語尾	つけ方
ふつう	-ed
e	-d だけ
子音字＋y	y → ied

〈その他〉stop（止まる）→ stopped のように，語尾の1字を重ねて ed をつける語もある。

-ed の発音

① [t ト]

　looked, helped

② [d ド]

　played, moved

③ [id イド]

　wanted, needed

not を使う短縮形

was not →	wasn't
were not →	weren't
did not →	didn't

1 【主語と時制に応じた動詞】
次の（　）内から適するものを選び，記号を○でかこみなさい。　〈1点×6〉

(1)　I（ア am　イ was　ウ were　エ did）very busy yesterday.
(2)　There（ア is　イ are　ウ was　エ were）a lot of trees here ten years ago.
(3)　（ア Did　イ Do　ウ Was　エ Were）you go to the concert last Sunday?
(4)　He（ア send　イ sends　ウ sending　エ sent）me a letter last week.
(5)　Lisa（ア live　イ lives　ウ lived　エ living）in Japan for three years when she was a child.
(6)　It（ア rain　イ rains　ウ rained　エ is raining）a lot last month.

2 【規則動詞・不規則動詞の過去形】
次の動詞の過去形を書きなさい。　〈1点×12〉

(1)　use ＿＿＿＿＿＿＿　　(2)　watch ＿＿＿＿＿＿＿
(3)　stop ＿＿＿＿＿＿＿　　(4)　stay ＿＿＿＿＿＿＿
(5)　cry ＿＿＿＿＿＿＿　　(6)　run ＿＿＿＿＿＿＿
(7)　know ＿＿＿＿＿＿＿　　(8)　read ＿＿＿＿＿＿＿
(9)　stand ＿＿＿＿＿＿＿　　(10)　speak ＿＿＿＿＿＿＿
(11)　give ＿＿＿＿＿＿＿　　(12)　bring ＿＿＿＿＿＿＿

3 【時制に応じた動詞の形】
✓よくでる 次の＿＿に（　）内の語を適する形にして入れなさい。　〈1点×8〉

(1)　I ＿＿＿＿＿＿＿ my umbrella yesterday.　（lose）
　　└「かさ」
(2)　Last Sunday, I ＿＿＿＿＿＿＿ Ken at the station.　（meet）
(3)　She smiled at me and I ＿＿＿＿＿＿＿ happy.　（become）
(4)　He ＿＿＿＿＿＿＿ my story and said, "That's very interesting."　（hear）
(5)　We waited for a few minutes, and then the concert ＿＿＿＿＿＿＿.　（begin）
(6)　After lunch, we went to the park. We ＿＿＿＿＿＿＿ under a tree and talked a lot.　（sit）
(7)　We ＿＿＿＿＿＿＿ hot, but we didn't open the window.　（feel）
(8)　When she ＿＿＿＿＿＿＿ the pictures of my brother, she asked me his name.（see）

ヒント　(3)～(8) and, but, when などの接続詞で結ばれている部分や，2文のうちの1文の動詞が過去形なので，空所にも過去形が入ると判断する。

4 【主語と時制に応じた動詞の形】
次の日本文に合うように，_____に適する語を入れなさい。 〈2点×9〉

(1) 久美はけさ図書館にいました。

Kumi _____ in the library this morning.

(2) 写真の中の両親は若かった。

My parents _____ young in the picture.

(3) あなたはその時は中学生でしたか。— はい，そうでした。

_____ you a junior high school student then?

— Yes, I _____.

(4) 彼は2018年にニューヨークを訪れました。

He _____ New York in 2018.

(5) あなたはけさ朝食を食べましたか。— はい，食べました。

_____ you eat breakfast this morning?

— Yes, I _____.

(6) 私はこの前の日曜日，サッカーをしませんでした。

I _____ _____ play soccer last Sunday.

(7) きのう東京は雨ではありませんでした。

It _____ _____ rainy in Tokyo yesterday.

(8) 彼の家の前に自転車はありましたか。

_____ _____ a bike in front of his house?

(9) 空に雲は少しもありませんでした。

_____ _____ any clouds in the sky.
 └「雲」

ヒント (9)「少しも～ない」は not any ～で表す。

5 【疑問文に対する応答】
次の_____に適する語を入れて対話文を完成しなさい。 〈2点×5〉

(1) *A:* Did you take any pictures there?

B: Yes, I _____ pictures of beautiful flowers.

(2) *A:* What did you eat for breakfast this morning?

B: I _____ rice balls.

(3) *A:* What did you buy at that store?

B: I _____ some pens.

(4) *A:* You're late. What time did you get up?

B: I _____ up at eight. I'm sorry I'm late.

(5) *A:* Ms. Brown teaches at our school this year. Where did she teach last year?

B: She _____ at a high school in Hokkaido.

【疑問文／否定文などへの書きかえ】
次の英文を（　　）内の指示にしたがって書きかえなさい。　　　　　〈2点×6〉

(1) Tom is kind to us. （文末に yesterday をつけて）
└ be kind to ～「～に親切だ」

(2) My father gives me a dictionary. （文末に last year をつけて）

(3) Ken's pictures were beautiful. （否定文に）

(4) She said goodbye to them. （否定文に）
└ say goodbye to ～「～にさようならを言う」

(5) Saki was late for school this morning. （疑問文に）
└ be late for ～「～に遅刻する」

(6) He found the restaurant last week. （下線部をたずねる疑問文に）

---

7 **【対話の流れに合う英文】**
次の［　　］に適する英文を下から選び，記号を書きなさい。　　　　〈3点×2〉

A: How was the summer festival? Were there a lot of people?
B: Yes, ［　A　］.
A: Wow! It was a really big festival. Did you enjoy it?
B: Well, not really. There were so many people and ［　B　］.

ア　I soon became tired
イ　I went with my parents and brothers
ウ　people came from all over Japan
エ　we love the festival

A （　　　）
B （　　　）

8 **【誤った英文の訂正】**
次の日本文の意味を表すように，下線部を正しく書きなおしなさい。　〈3点×4〉

(1) 子どもたちはどこにいましたか。
Where was the children?

(2) 彼女はその歌を歌いませんでした。
She doesn't sang the song.

(3) あなたは何を作りましたか。
What were you made?

(4) だれがその物語を書いたのですか。
Who did you write the story?

9 【過去形の文の語順】

（　）内の語（句）を並べかえて，意味の通る正しい英文にしなさい。　　　　〈2点×5〉

(1) （ good, Jim, and, friends, I, were ） when we were children.

_____ when we were children.

(2) I met an American yesterday. （ very, she, well, Japanese, spoke ）.

I met an American yesterday. _____

(3) （ a present, you, him, did, give ）? — Yes, I did.

_____ — Yes, I did.

(4) （ in, how, books, were, his bag, there, many ）? — There were five.

_____ — There were five.

(5) I had a cold yesterday, so （ did, homework, do, I, my, not ）.

I had a cold yesterday, so _____.

10 【過去形の英作文】

✓よくでる 次の日本文を英語になおしなさい。　　　　〈3点×2〉

(1) あなたはいつ日本に来ましたか。

_____

ハイレベル (2) 冬の空の星々はとてもきれいでした。

_____

思考

入試レベル問題に挑戦

次の絵は，昨夜の Kenji の様子を描いたものです。絵の内容に合うように，＿＿に適する語を入れなさい。

Last night Kenji ate dinner at eight. He _____ _____

_____ at nine, and then he _____ _____

_____ _____ _____.

3 進 行 形

攻略のコツ 現在進行形の文と過去進行形の文について学習します。-ing形の作り方をしっかり確認しましょう。

テストに出る! **重要ポイント**

① 現在進行形

① 形と意味
・〈be 動詞の現在形＋〜ing〉の形で「(いま)〜しています」「〜しているところです」の意味を表す。am, are, is は文の主語によって使い分ける。
  └ am, are, is

② 疑問文と答え方
・疑問文は be 動詞を主語の前に出す。
・答え方も be 動詞の文の場合と同じように,be 動詞を使って答える。

(肯定文) He **is** playing soccer.	(彼はサッカーをしています。)

be 動詞(is)を主語(he)の前に

(疑問文) **Is** he playing soccer?	(彼はサッカーをしていますか。)

(答え方) — Yes, he **is** .	(はい,しています。)
— No, he **isn't** .	(いいえ,していません。)

③ 否定文
・否定文は,be 動詞のあとに not を入れる。

(肯定文) He is playing soccer.	(彼はサッカーをしています。)

be 動詞(is)のあとに not

(否定文) He is **not** playing soccer.	(彼はサッカーをしていません。)

④ 進行形にならない動詞
・状態を表す動詞と,感情や知覚を表す動詞はふつう進行形にならない。
(例) have, like, know, want, see, hear
  └「〜を持っている」└「〜が好きである」└「〜を知っている」└「〜がほしい」└「〜が見える」└「〜が聞こえる」

② 過去進行形

① 形と意味
・〈be 動詞の過去形＋〜ing〉の形で「〜していました」「〜しているところでした」の意味を表す。was, were は文の主語によって使い分ける。
  └ was, were

② 疑問文と答え方
・疑問文は be 動詞を主語の前に出し,答えの文も be 動詞を使って答える。

(肯定文) They **were** cooking.	(彼らは料理をしていました。)

be 動詞(were)を主語(they)の前に

(疑問文) **Were** they cooking?	(彼らは料理をしていましたか。)

(答え方) — Yes, they **were** .	(はい,していました。)
— No, they **weren't** .	(いいえ,していませんでした。)

③ 否定文
・否定文は,be 動詞のあとに not を入れる。

(肯定文) They were cooking.	(彼らは料理をしていました。)

be 動詞(were)のあとに not

(否定文) They were **not** cooking.	(彼らは料理をしていませんでした。)

基礎力チェック問題　解答▶ 別冊p.5

be 動詞の使い分け

主語	現在	過去
I	am	was
you, 複数	are	were
3人称単数	is	was

▶次の（　）内から適するものを選びなさい。

☑① 私はテレビを見ています。

　　I（ ア am　イ is　ウ was ）watching TV.

☑② 彼はテニスをしていました。

　　He（ ア is　イ was　ウ were ）playing tennis.

☑③ 健とトムは音楽を聞いています。

　　Ken and Tom（ ア are　イ were　ウ is ）listening to music.

☑④ 彼女たちは昼食を食べていました。

　　They（ ア are　イ was　ウ were ）having lunch.

進行形にできる have

・「〜を持っている」という意味の have は進行形にできないが，「〜を食べる」の have や have a good time（楽しい時を過ごす）の have は進行形にできる。

▶次の動詞の -ing 形を書きなさい。

☑⑤ look ＿＿＿＿＿＿＿＿

☑⑥ use ＿＿＿＿＿＿＿＿ └語尾が e

☑⑦ stay ＿＿＿＿＿＿＿＿

☑⑧ swim ＿＿＿＿＿＿＿＿ └〈短母音＋子音字〉

☑⑨ come ＿＿＿＿＿＿＿＿

☑⑩ run ＿＿＿＿＿＿＿＿

☑⑪ get ＿＿＿＿＿＿＿＿

☑⑫ study ＿＿＿＿＿＿＿＿

☑⑬ begin ＿＿＿＿＿＿＿＿

☑⑭ cry ＿＿＿＿＿＿＿＿

-ing 形の作り方

動詞の語尾	つけ方
ふつう (read)	-ing (reading)
e で終わる (take)	e をとって -ing (taking)
短母音＋子音字* (sit)	子音字を重ねて -ing (sitting)

＊語尾の子音字を重ねるのは，〈アクセントのある短い母音＋1文字の子音字〉で終わる語。具体的には次の語を覚えておこう。

▶次の英文を疑問文に書きかえるとき，適するものを選びなさい。

☑⑮ You are doing your homework. （あなたは宿題をしています。）

　　→（ ア Are　イ Were　ウ Do ）you doing your homework?

☑⑯ Aya is singing a song. （アヤは歌を歌っています。）

　　→（ ア Does　イ Is　ウ Was ）Aya singing a song?

☑⑰ Taro was playing the guitar. （太郎はギターをひいていました。）

　　→（ ア Was　イ Did　ウ Does ）Taro playing the guitar?

☑⑱ They were helping Ann. （彼らはアンを手伝っていました。）

　　→（ ア Did　イ Are　ウ Were ）they helping Ann?

〈語尾の子音字を重ねる語〉

・begin　（始める）
・cut　　（切る）
・get　　（手に入れる）
・hit　　（打つ）
・put　　（置く）
・run　　（走る）
・sit　　（すわる）
・stop　　（止まる）
・swim　（泳ぐ）
・win　　（勝つ）

▶次の英文を否定文に書きかえるとき，適するものを選びなさい。

☑⑲ Ken is cleaning the room. （健は部屋をそうじしています。）

　　→ Ken（ ア not　イ isn't　ウ doesn't ）cleaning the room.

☑⑳ It was raining hard. （雨がはげしく降っていました。）

　　→ It（ ア isn't　イ didn't　ウ wasn't ）raining hard.

☑㉑ The children were sleeping. （子どもたちは眠っていました。）

　　→ The children（ ア didn't　イ weren't　ウ wasn't ）sleeping.

実力完成問題

1 【主語に応じた動詞の形】

次の（ ）内から適するものを選び，記号を○でかこみなさい。 〈2点×5〉

(1) （ ア Is イ Was ウ Does エ Do ）your sister studying now?

(2) Tom （ ア isn't イ wasn't ウ doesn't エ didn't ）drinking tea at that time.

ミス注意 (3) We （ ア know イ knowing ウ am knowing エ are knowing ）him very well.

(4) （ ア Are イ Were ウ Do エ Did ）you helping your mother yesterday
evening?

(5) I usually （ ア go イ going ウ am going エ is going ）to school by bike.

2 【日本語に応じた動詞の形】

次の日本文に合うように，＿＿＿に適する語を入れなさい。 〈4点×5〉

(1) 男の人がむこうの木の下にすわっています。
A man ＿＿＿＿＿＿＿＿ ＿＿＿＿＿＿＿＿ under the tree over there.

(2) その男の子たちは先生を待っていました。
The boys ＿＿＿＿＿＿＿＿ ＿＿＿＿＿＿＿＿ for their teacher.

(3) あなたのお父さんはいま電話を使っていますか。— いいえ，使っていません。
＿＿＿＿＿＿＿＿ your father ＿＿＿＿＿＿＿＿ the telephone now?
— No, he ＿＿＿＿＿＿＿＿.

ミス注意 (4) だれがピアノをひいていますか。— ケンの妹です。
＿＿＿＿＿＿＿＿ ＿＿＿＿＿＿＿＿ playing the piano?
— Ken's sister ＿＿＿＿＿＿＿＿.

(5) あなたたちは放課後，どこで勉強していましたか。— 図書館で勉強していました。
＿＿＿＿＿＿＿＿ ＿＿＿＿＿＿＿＿ you studying after school?
— We ＿＿＿＿＿＿＿＿ studying in the library.

3 【動詞の語形変化】

よくでる 次の＿＿＿に（ ）内の語を適する形にして入れなさい。 〈3点×6〉

(1) Ms. Oka is ＿＿＿＿＿＿＿＿ a cake. （make）

(2) Some people were ＿＿＿＿＿＿＿＿ in the sea. （swim）

(3) I was ＿＿＿＿＿＿＿＿ a letter when he spoke to me. （write）

(4) Tom is in his room and is ＿＿＿＿＿＿＿＿ his homework now. （do）

(5) My father came home when I was ＿＿＿＿＿＿＿＿ dinner. （cook）

(6) We were ＿＿＿＿＿＿＿＿ a walk in the park at that time. （take）

4 【進行形の文の語順】

次の（ ）内の語(句)を並べかえて，意味の通る正しい英文にしなさい。 〈5点×4〉

(1) We (a，time，having，are，good，at) the party.

We _____ the party.

(2) (was，to，the CD，she，not，listening).

ハイレベル (3) (children，lot，dying，over，a，all，are，of) the world.

_____ the world.

(4) A: May I help you?

　　B: Yes. I'm (birthday，for，present，looking，a) for my mother.

　　I'm _____ for my mother.

5 【英作文】

✓よくでる 次の日本文を英語になおしなさい。 〈5点×4〉

(1) その少女は駅へ走っています。

(2) あなたは日本での滞在を楽しんでいますか。

(3) 君たちは何について話していたのですか。

(4) きのう私がエミに電話をしたとき，彼女は夕食を食べているところでした。

ヒント (2)「滞在」は your stay で表す。(3) about（〜について）の位置に注意。

思考 **6** 【適する応答文の作文】

絵の内容に合うように，質問に対する答えの文を 4 〜 5 語で書きなさい。 〈6点×2〉

(1) What is Ann doing?

(2) What are John and Mary doing?

未来の文

攻略のコツ　未来の文について学習します。be going to と will を使う2つのパターンがあります。

テストに出る！ 重要ポイント

❶ be going to 〜の文

❶ 形と意味
- 〈主語＋be going to＋動詞の原形 ….〉の形で、「〜するつもりだ」「〜することになっている」という未来の意味を表す。
  - └ 主語に応じて, am, are, is を使い分ける
- to のあとの動詞は、主語の人称や数にかかわらず、つねに原形を使う。

❷ 疑問文と答え方
- 疑問文は be 動詞を主語の前に出し、答えの文も be 動詞を使って答える。

(肯定文)	She **is** going to see him.	(彼女は彼に会うつもりです。)

be 動詞(is)を主語(she)の前に

(疑問文)	**Is** she going to see him?	(彼女は彼に会うつもりですか。)

(答え方)	— Yes, she **is** . (はい、会うつもりです。)
	— No, she **isn't** . (いいえ、会うつもりではありません。)

❸ 否定文
- 否定文は、be 動詞のあとに not を入れる。

(肯定文)	She is going to see him.	(彼女は彼に会うつもりです。)

be 動詞(is)のあとに not

(否定文)	She is **not** going to see him.	(彼女は彼に会うつもりはありません。)

❷ will の文

❶ 形と意味
- 〈主語＋will＋動詞の原形 ….〉の形で、「〜するつもりだ」「〜だろう」という未来の意味を表す。
  - └ 動詞のひとつ
- will のあとの動詞は、主語の人称や数にかかわらず、つねに原形を使う。

❷ 疑問文と答え方
- 疑問文は、will を主語の前に出す。
- Will 〜? の疑問文には、答えの文でも will を使って、Yes, 〜 will. か、No, 〜 will not. で答える。
  - └ 短縮形は won't

(肯定文)	He **will** come here.	(彼はここに来るでしょう。)

will を主語(he)の前に

(疑問文)	**Will** he come here?	(彼はここに来るでしょうか。)

(答え方)	— Yes, he **will** . (はい、来るでしょう。)
	— No, he **won't** . (いいえ、来ないでしょう。)

❸ 否定文
- 否定文は、will のあとに not を入れる。

(肯定文)	He will come here.	(彼はここに来るでしょう。)

will のあとに not

(否定文)	He will **not** come here.	(彼はここに来ないでしょう。)

基礎力チェック問題 解答 別冊p.6

▶次の（　）内から適するものを選びなさい。

☑① リサは私たちを訪ねてきます。

Lisa（ ア is　イ be　ウ are ）going to visit us.

☑② 私たちはサッカーをするつもりです。

We're（ ア go　イ going　ウ will ）to play soccer.

☑③ 彼は英語を勉強するでしょう。

He（ ア will　イ wills　ウ is ）study English.

☑④ 彼女はケーキを作るつもりです。

She's going to（ ア make　イ makes　ウ making ）a cake.

☑⑤ 今日の午後は私はひまです。

I'll（ ア am　イ going　ウ be ）free this afternoon.

☑⑥ 明日は雨が降るでしょう。

（ ア It　イ It's　ウ It'll ）going to rain tomorrow.

▶次の英文を疑問文に書きかえるとき，適するものを選びなさい。

☑⑦ He is going to buy a book.　（彼は本を買うつもりです。）

→（ ア Will　イ Is　ウ Does ）he going to buy a book?

☑⑧ They're going to eat lunch.　（彼らは昼食を食べるつもりです。）

→（ ア Will　イ Are　ウ Do ）they going to eat lunch?

☑⑨ She will go to Kyoto.　（彼女は京都へ行くでしょう。）

→（ ア Will　イ Are　ウ Do ）she go to Kyoto?

☑⑩ It'll be sunny tomorrow.　（明日は晴れるでしょう。）

→（ ア Will　イ Is　ウ Does ）it be sunny tomorrow?

▶次の英文を否定文に書きかえるとき，適するものを選びなさい。

☑⑪ We are going to watch TV.　（私たちはテレビを見るつもりです。）

→ We're（ ア aren't　イ don't　ウ not ）going to watch TV.

☑⑫ He is going to play the guitar.　（彼はギターをひくつもりです。）

→ He（ ア isn't　イ doesn't　ウ won't ）going to play the guitar.

☑⑬ I will talk about it.　（私はそれについて話します。）

→ I will（ ア won't　イ don't　ウ not ）talk about it.

☑⑭ They will learn Japanese.　（彼らは日本語を学ぶでしょう。）

→ They（ ア won't　イ don't　ウ aren't ）learn Japanese.

〈主語＋ will〉の短縮形

主語＋ will	短縮形
I will	I'll
You will	You'll
He will	He'll
She will	She'll
It will	It'll
We will	We'll
They will	They'll

＊短縮形にできるのは主語が代名詞のときのみ。Lisa などの人名は ×Lisa'll のように短縮することはできない。

未来を表す語（句）

・tomorrow（明日）

・next ～（次の～）

　next week（来週）

　next year（来年）

　next July（今度の7月）

・some day（いつか）

be going to と will

・厳密には意味のちがいがある。特に，あらかじめ決まっていた予定や計画を言うときには be going to を，いまその場で決めたことを伝えるときには will を使うことが多い。

4 未来の文

実力完成問題

解答 ▶ 別冊 p.6

得点

／100

1 【未来の文の形】
次の（　　）内から適するものを選び，記号を○でかこみなさい。 〈3点×5〉

(1) My parents（ ア is　イ are　ウ don't　エ will ）going to come here soon.

(2) Tom will（ ア goes　イ go　ウ going　エ went ）to Australia next month.

(3) I'll make a speech tomorrow. I'm（ ア coming　イ going　ウ coming to
エ going to ）talk about Japanese food.

ミス注意 (4) The girls in this picture（ ア be　イ is　ウ are　エ was ）going to visit your
town this summer.

(5) *A:* Will you come to the party?

B: Yes, I will.（ ア It'll　イ It won't　ウ I'll　エ I won't ）be fun.
└「楽しいこと」

ヒント (4) in this picture の部分は，主語の The girls をうしろから修飾している。

2 【未来の文の完成】
✓よくでる 次の日本文に合うように，＿＿に適する語を入れなさい。 〈4点×4〉

(1) 彼女はカナダで英語を勉強するつもりですか。
＿＿＿＿＿＿＿＿ she going to ＿＿＿＿＿＿＿＿ English in Canada?

ミス注意 (2) 彼は明日は忙しいでしょう。
He ＿＿＿＿＿＿＿＿ ＿＿＿＿＿＿＿＿ busy tomorrow.

(3) 彼らは野球をするつもりはありません。
They ＿＿＿＿＿＿＿＿ ＿＿＿＿＿＿＿＿ to play baseball.

(4) 彼女はこの CD を聞かないでしょう。
She ＿＿＿＿＿＿＿＿ ＿＿＿＿＿＿＿＿ to this CD.

3 【対話の流れに合う英文】
次の［　　］に適する英文を下から選び，記号を書きなさい。 〈4点×2〉

A: Look at those clouds! It's going to rain soon.

B: Really? ［ (1) ］

A: The TV says it will be sunny.

B: I hope so. ［ (2) ］

ア　I'm going to have a picnic tomorrow afternoon.

イ　What are you going to watch on TV?

ウ　I won't play baseball with my friends in the park. (1) （　　　）

エ　How will the weather be tomorrow? (2) （　　　）

4 【be going to / will の文の語順】
次の日本文に合う英文になるように，（　　）内の語を並べかえなさい。 〈6点×5〉

(1) 私たちはお年寄りの人たちを訪問するつもりです。
(going, people, visit, we're, old, to).

(2) あなたはどれくらいの間，日本に滞在する予定ですか。
(are, in, to, long, you, stay, how, going) Japan?

_____ Japan?

(3) 彼らは何時に家を出発しますか。　（ will, home, they, time, what, leave)?

(4) 私はあなたのやさしいほほえみを決して忘れません。
I (forget, kind, never, your, will, smile).

I _____ .

ハイレベル (5) 海外で勉強すれば，もっとじょうずに英語を話せるようになるでしょう。
(English, be, to, speak, you, will, able) better if you study abroad.
└─「海外で」

_____ better if you study abroad.

5 【英作文】
✓よくでる 次の日本文を英語になおしなさい。 〈7点×3〉

(1) あなたは来年16歳になります。

(2) 明日は暖かいといいな。

(3) 私は先生になるつもりはありません。

ヒント (2)「～だといいな」は，「願う，望む」の意味の動詞 hope を使って表すことができる。

思考 **6** 【適する応答文の作文】
次の対話文の[　　]に入る英文を，5語以上で自由に書きなさい。 〈10点〉

A: Look! The sky is full of stars.
B: Oh, it's beautiful! It will be sunny tomorrow.
A: It's going to be a hot Sunday. What will you do tomorrow?
B: [　　　　　　　]

総合力テスト ①

時間 ▶ 20分
解答 ▶ 別冊 p.7

得点

／100

出題範囲：be 動詞・一般動詞の現在形／be 動詞・一般動詞の過去形／進行形／未来の文

1 次の（　）内から適するものを選び，記号を書きなさい。　　　　　　　　　　　【3点×5】

(1) There（ ア is　イ are　ウ be　エ was ）five people in my family.

(2) The children in the room（ ア is　イ was　ウ are　エ were ）playing *shogi* two days ago.

(3) （ ア Did　イ Will　ウ Were　エ Do ）you enjoy the party last night?

(4) *A:* When is your birthday?
  B: I'll（ ア am　イ going　ウ be　エ go ）fifteen tomorrow.

(5) *A:* Who（ ア take　イ took　ウ takes　エ taking ）this picture?
  B: I did when I went to Kyoto last year.

(1)		(2)		(3)		(4)		(5)	

2 次の＿＿＿に（　）内の語を適する形にして入れなさい。　　　　　　　　　　【3点×4】

(1) An old woman ＿＿＿＿＿＿ to me in English. She said, "Excuse me."　（speak）

(2) Look at that cute dog over there. It's ＿＿＿＿＿＿ with a girl.　（run）

(3) Ken ＿＿＿＿＿＿ a sister. Her name is Kayoko, and she is very kind.　（have）

(4) Yesterday I went to the sea and ＿＿＿＿＿＿ a big fish.　（catch）

(1)		(2)		(3)		(4)	

3 次の日本文に合うように，＿＿＿に適する語を入れなさい。　　　　　　　　　【4点×4】

(1) 父は毎朝バスで駅へ行きます。
  My father ＿＿＿＿＿＿ ＿＿＿＿＿＿ the station by bus every morning.

(2) 私たちは彼女の名前を知りませんでした。
  We ＿＿＿＿＿＿ ＿＿＿＿＿＿ her name.

(3) 彼は明日おじさんを訪ねないでしょう。
  He ＿＿＿＿＿＿ ＿＿＿＿＿＿ his uncle tomorrow.

(4) 一郎はメアリーに手紙を書いているところです。
  Ichiro ＿＿＿＿＿＿ ＿＿＿＿＿＿ a letter to Mary.

(1)		(2)	
(3)		(4)	

4 次の（　　）内の語（句）を並べかえて，意味の通る正しい英文にしなさい。　　【5点×5】

(1) （ will, send, some, you, I, pictures) of our school festival.

(2) （ are, a, wonderful, of, there, places, lot) in this city.

(3) *A:* (she, a, player, good, is, tennis)?
　　B: Yes. She plays tennis very well.

(4) *A:* (summer, start, vacation, when, does) in Australia?
　　B: In December. It's a hot month there.

(5) *A:* (the store, what, you, buy, will, at)?
　　B: I'm not going to buy anything.

(1)	of our school festival.
(2)	in this city.
(3)	
(4)	in Australia?
(5)	

5 次の日本文を英語になおしなさい。　　【7点×2】

(1) あなたはふつう日曜日に何をしますか。

(2) 彼は台所で彼のネコを見つけました。

(1)	
(2)	

6 次の A は，（　　）内に示されている内容を伝える場合どのように言えばよいか。英語で書きなさい。 B は，[　　]に入る適切な理由を自由に考え，5語以上の英語で書きなさい。

A 　*A:* It's already seven thirty. What were you doing?　　【6点×3】

　　B: [　(1)　] （かばんをさがしていたんだ。）

　　A: [　(2)　] （学校に遅刻するよ。）

B 　*A:* It's eleven thirty, but I am very hungry because [　(3)　].

　　B: What happened?

　　A: I got up late and didn't have the time.

(1)	
(2)	
(3)	

5 助動詞

攻略のコツ 「〜できる」「〜してもよい」など，動詞にさまざまな意味を加える助動詞について学習します。

テストに出る! 重要ポイント

① can, may, must

① 助動詞の用法と意味
・助動詞は動詞の前におき，あとの動詞は必ず**原形**にする。

助動詞	意味	言いかえ
can	〜できる，　〜してもよい，　〜かもしれない └可能，能力　　└許可　　　　　└可能性	be able to
may	〜してもよい，　〜かもしれない └許可　　　　　└推量	——
must	〜しなければならない，　〜にちがいない └義務　　　　　　　　　└推測	have to

② 疑問文と答え方
・疑問文は助動詞を主語の前に出し，答えの文も助動詞を使う。

（肯定文）　She can swim well.　（彼女はじょうずに泳げます。）
　　　　　　　　　　　　　　　　助動詞(can)を主語(she)の前に
（疑問文）　Can she　　　swim well?　（彼女はじょうずに泳げますか。）

（答え方）— Yes, she can.　（はい，泳げます。）
　　　　　— No, she can't.　（いいえ，泳げません。）
　　　　　　　　　　└ cannot の短縮形

③ 否定文
・否定文は助動詞のあとに not を入れる。

（肯定文）You must　　　run fast.　（あなたは速く走らなければなりません。）
　　　　　　　　　　↓助動詞(must)のあとに not
（否定文）You must not run fast.　（あなたは速く走ってはいけません。）
　　　　　　　　　└ 短縮形は mustn't

② would, could, should

① would と連語
・would は助動詞 will の過去形。次のような連語でよく使われる。
　　└発音は[wud ウド]
　would like 〜 「〜がほしい」　Would you like 〜?「〜はいかがですか」
　　　　　　　└ want よりもていねい
　would like to 〜 「〜したい」　Would you like to 〜?「〜したいですか」
　　　　　　　　　└ 動詞の原形

② could, should
・could は助動詞 can の過去形。「〜することができた」の意味。
　　└発音は[kud クド]
・should は「〜すべきである，〜したほうがよい」の意味。
　　└発音は[ʃud シュド]

③ Will you 〜? / Shall I 〜? など

① 依頼や許可を求める表現
・何かを依頼したり，許可を求めたりするときなども助動詞が使われる。

依頼する「〜してくれませんか」	Will you 〜? / Can you 〜?
「〜してくださいませんか」	Would you 〜? / Could you 〜?
許可を求める「〜してもいいですか」	May I 〜? / Can I 〜?
申し出る「(私が)〜しましょうか」	Shall I 〜?
誘う「(いっしょに)〜しましょうか」	Shall we 〜?(≒ Let's 〜.)

▶次の（　　）内から適するものを選びなさい。

☑① 彼はギターがひけます。

He（ア can　イ cans　ウ is can）play the guitar.

☑② 彼女は数学を勉強しなければなりません。

She must（ア study　イ studies　ウ be study）math.

☑③ 私はこのペンを使ってもいいですか。
└ 相手に許可を求めている

（ア Do I may　イ May I　ウ Am I may）use this pen?

☑④ 彼らは来ないかもしれません。

They（ア don't　イ mustn't　ウ may not）come.

☑⑤ あなたたちは部屋の中で走ってはいけません。

You（ア haven't　イ mustn't　ウ won't）run in the room.

☑⑥ 私たちは彼女を手伝うべきです。

We（ア shall　イ should　ウ may）help her.

☑⑦ 窓を開けましょうか。
└ 「私が〜しましょうか」と申し出ている

（ア Shall　イ Must　ウ May）I open the window?

☑⑧ 私は何か冷たいものを食べたいのですが。

I（ア may　イ shall　ウ would）like to eat something cold.

▶次の（　　）内から適するものを選び，ほぼ同じ内容の文にしなさい。

☑⑨ I was able to read this book.　（私はこの本が読めました。）

I（ア would　イ could　ウ must）read this book.

☑⑩ He must get up early.　（彼は早く起きなければなりません。）

He（ア has to　イ is have to　ウ have to）get up early.

☑⑪ Let's play tennis.　（テニスをしましょう。）

（ア Shall　イ May　ウ Can）we play tennis?
▲「テニスをしましょうか」と誘う言い方を選ぶ

☑⑫ Please open the door.　（ドアを開けてください。）

（ア Should　イ Shall　ウ Will）you open the door?
▲「開けてくれませんか」と依頼する言い方を選ぶ

☑⑬ May I come in?　（入ってもいいですか。）

（ア Can　イ Must　ウ Shall）I come in?

☑⑭ Will you have some coffee?　（コーヒーはいかがですか。）

（ア May　イ Can　ウ Would）you like some coffee?

☑⑮ Don't swim in this river.　（この川で泳ぐな。）

You（ア aren't　イ mustn't　ウ won't）swim in this river.

得点アップアドバイス

助動詞の特徴

①主語が3人称単数・現在のときも変化しない。

②あとに続く動詞はつねに原形。

③疑問文は助動詞を主語の前に出す。Do や Does は使わない。

④否定文は助動詞のあとに not をおく。

〈助動詞＋not〉の短縮形

助動詞＋not	短縮形
cannot	can't
will not	won't
would not	wouldn't
could not	couldn't
should not	shouldn't
must not	mustn't*

＊mustn't は [mʌsnt マスント] と発音することに注意。

have[has] to 〜

・have[has] to 〜
「〜しなければならない」
（≒must）

・don't[doesn't] have to 〜　「〜する必要はない」

＊must not（〜してはいけない）との意味のちがいに注意。

ほぼ同じ内容を表す表現

〜できる
can ≒ be able to
〜しなければならない
must ≒ have to
〜しましょう〈か〉
Shall we 〜? ≒ Let's 〜.
〜してもいいですか
May I 〜? ≒ Can I 〜?
〜してくれませんか
Will you 〜? ≒ Can you 〜?

5　助動詞

1 【文意に合う助動詞】
次の（　　）内から適するものを選び，記号を○でかこみなさい。　〈4点×5〉

(1) She can（ア speak　イ speaks　ウ speaking　エ spoke）English well.

(2) I'd（ア know　イ see　ウ like）to go home.
　　└ I would の短縮形

(3) You（ア need　イ must　ウ had better　エ had to）be tired because you practiced hard this afternoon.

(4) It's very hot here.（ア Have　イ May　ウ Am　エ Was）I open the window?

(5) A: This room is very hot, isn't it?
　　B:（ア Shall　イ Would　ウ Am　エ Have）I open the window?
　　A: Yes, please.　Thank you.

2 【助動詞の意味】
次の日本文に合うように，＿＿＿に適する語を入れなさい。　〈4点×5〉

(1) 私の祖父はコンピュータが使えません。
　　My grandfather ＿＿＿＿＿＿＿＿ ＿＿＿＿＿＿＿＿ a computer.

(2) 彼は部屋をそうじしなければなりません。
　　He ＿＿＿＿＿＿＿＿ ＿＿＿＿＿＿＿＿ clean his room.

(3) あなたたちはここで道路を横断してはいけません。
　　You ＿＿＿＿＿＿＿＿ ＿＿＿＿＿＿＿＿ cross the road here.
　　　　　　　　　　　　　　　　└「～を横切る」

ミス注意 (4) 彼女は今日は忙しいかもしれません。
　　She ＿＿＿＿＿＿＿＿ ＿＿＿＿＿＿＿＿ busy today.

ハイレベル (5) 彼の話が本当であるはずがありません。
　　His story ＿＿＿＿＿＿＿＿ ＿＿＿＿＿＿＿＿ true.

ヒント (5)「～であるはずがない」は can't か cannot。

3 【同意の助動詞と連語の文】
✓よくでる 次の各組の英文がほぼ同じ内容になるように，＿＿＿に適する語を入れなさい。
　〈4点×3〉

(1) ｛ Don't drink too much.
　　　You ＿＿＿＿＿＿＿＿ ＿＿＿＿＿＿＿＿ too much.

(2) ｛ Let's go out for a walk.
　　　＿＿＿＿＿＿＿＿ ＿＿＿＿＿＿＿＿ go out for a walk?

(3) ｛ He couldn't get to the station before five.
　　　He ＿＿＿＿＿＿＿＿ not ＿＿＿＿＿＿＿＿ to get to the station before five.

4 【助動詞の疑問文とその応答文】

✓よくでる 次の対話文の [   ] に適する文を下から選び，記号を○でかこみなさい。〈4点×3〉

(1) A: I can't read Japanese. Can you read this word for me, please?

B: [   ]

ア All right.　　　イ You're right.　　　ウ Yes, please.　　エ No, thank you.

(2) A: Can I use this computer?

B: [   ]

A: Oh, I'll come again later, then.

ア Sorry, I'm using it now.　　　　イ Here you are.

ウ Yes, of course.　　　　　　　　エ Yes, it is mine.

(3) A: Help yourself to the salad.
└─「～を自由に取って食べてください」

B: Thank you. [   ]

A: Sure. Here you are.

ア Shall I eat it?　　　　　　　　イ Do you like vegetables?

ウ Can I ask a question?　　　　　エ Would you pass me the salt, please?

5 【助動詞の連語の形】

次の (   ) 内の語を並べかえて，意味の通る正しい英文にしなさい。〈6点×2〉

(1) A: Would (something, you, to, like) drink?

B: Green tea, please.

Would _____ drink?

(2) A: We don't have much time. Let's run.

B: No. We (to, don't, run, have). We still have ten minutes.

We _____ .

6 【英作文】

次の日本文を英語になおしなさい。〈6点×4〉

(1) 明日あなたを訪ねてもいいですか。

_____

(2) それらの写真を私に見せてくれませんか。

_____

(3) 何時に家を出発しましょうか。

_____

ハイレベル (4) 私が1万円貸してあげましょうか。

_____

名 詞

6

攻略のコツ 数えられる名詞と数えられない名詞や，名詞の複数形，数量の表し方などについて学習します。

① 数えられる名詞と数えられない名詞

1 名詞の種類 ・名詞には，数えられる名詞と数えられない名詞がある。

		└可算名詞という		└不可算名詞という
数えられる 名詞	普通名詞	dog（犬）	・1つのとき…a[an]をつける
	集合名詞	family（家族）	・2つ以上のとき…複数形に
数えられ ない名詞	固有名詞	Japan（日本）	・a[an]はつかない
	物質名詞	water（水）	・複数形にならない
	抽象名詞	peace（平和）	

② 数と複数形

1 数えられる名詞 の単数形
・数えられる名詞が「1つ」のときは，名詞の前に a か an をつける。
・名詞の直前に my や this，the などがつく場合は a[an]は不要。
　　　　　　　　　　　　　　　　　　　　　　　　└次にくる語が母音で始まるとき┘

　　　a book（1冊の本）　　an egg（1個の卵）　　my dog（私の犬）
　　　　　　　　　　　　└母音で始まっている　　　└myがあるのでa不要

2 数えられる名詞 の複数形
・数えられる名詞が「2つ以上」のときは，名詞を複数形にする。
・名詞の複数形は，名詞の語尾に s または es をつける。

名詞の語尾	つけ方	例
ふ つ う	-s	pen → pens, book → books
-s, -x, -sh, -ch	-es	bus → buses, box → boxes
子音字＋y	y を i にして -es	city → cities, story → stories
-f, -fe	-f(e)を v にして -es	leaf → leaves, knife → knives

3 物質名詞の量の 表し方
・water などの数えられない名詞（物質名詞）には a[an]はつかない。複数形にもならない。

　　　some water（いくらかの水）　　　　a lot of money（たくさんのお金）

・物質名詞の量について言うときには，容器などの単位を使って表す。

　　　a glass of water（コップ1杯の水）　　　a cup of tea（カップ1杯の紅茶）

③ 名詞の所有格

1 名詞＋'s
・名詞に 's をつけると，「～の」の意味を表す。
　　　the dog's name（その犬の名前）　　my father's car（私の父の車）
　　　└アポストロフィー　　└所有を表す

2 名詞＋of＋名詞
・'s をつけないで，of を使って所有を表すこともある。
　　　the name of the flower（その花の名前）
　　　the door of the car（その車のドア）

▶次の（　　）内から適するものを選びなさい。

☑① こちらはトムです。

This is（ ア a Tom　イ an Tom　ウ Tom ）.

☑② 彼はネコを３びき飼っています。

He has three（ ア cat　イ cats　ウ cates ）.

☑③ 私に水をください。

Please give me some（ ア water　イ waters　ウ wateres ）.

☑④ このびんの中に水がいくらかあります。

There（ ア is　イ are　ウ am ）some water in this bottle.
　　　　　　　　　　　　└「びん」

☑⑤ あれは私の母のかばんです。

That's（ ア my mother　イ my mother's　ウ of my mother ）bag.

☑⑥ 彼はコーヒーを２杯飲みました。

He drank two（ ア cup of coffees　イ cups of coffee

ウ cups of coffees ）.

▶次の名詞の複数形を書きなさい。複数形がないときは×を書きなさい。

☑⑦	apple _____	☑⑧	boy _____
☑⑨	sugar _____	☑⑩	story _____
☑⑪	box _____	☑⑫	money _____
☑⑬	peace _____	☑⑭	leaf _____
☑⑮	dish _____	☑⑯	man _____
☑⑰	milk _____	☑⑱	sheep _____

⑧ └〈母音字＋y〉
⑩ └〈子音字＋y〉
⑬ └「平和」
⑭ └fで終わる

▶下線部の発音が同じなら○，ちがうなら×を入れなさい。

☑⑲ { desk**s** / cap**s** } （　　）　　☑⑳ { car**s** / dog**s** } （　　）

☑㉑ { class**es** / tabl**es** } （　　）　　☑㉒ { girl**s** / lake**s** } （　　）

▶次の文の下線部を複数にかえるとき，____ に適する語を書きなさい。

☑㉓ He is a nice child.

→ They are nice _____.

☑㉔ This is an interesting book.

→ These are interesting _____.

得点アップアドバイス

数えられない名詞の例

・数えられない名詞（物質名詞・抽象名詞）には，おもに次のようなものがある。

| water(水), milk(牛乳)
coffee(コーヒー), tea(紅茶)
sugar(砂糖), bread(パン)
money(お金), paper(紙)
rain(雨), snow(雪)
time(時間), love(愛情) |

名詞＋'s

・〈名詞＋'s〉の２つの意味

①「～の」(名詞の所有格)

This is my mother's book.

(これは私の母の本です。)

②「～のもの」

This book is my mother's.

(この本は私の母のものです。)

不規則に変化する名詞

単数形	複数形
man(男性)	men
woman(女性)	women
child(子ども)	children
foot(足)	feet
tooth(歯)	teeth
fish(魚)	fish(同形)

-(e)sの発音

① [s ス]

book**s**, cup**s**

② [ts ツ]

ca**ts**, minu**tes**

③ [z ズ]

boy**s**, dog**s**

④ [dz ヅ]

bed**s**, frien**ds**

⑤ [iz イズ]

box**es**, bus**es**

6 名詞

実力完成問題 解答 別冊p.9 得点 /100

① 【語形変化】
次のCとDの関係がAとBの関係と同じになるように，Dに適する語を入れなさい。
〈2点×8〉

	A	B	C	D
(1)	pen	pens	class	＿＿＿＿＿＿＿
(2)	hand	hands	foot	＿＿＿＿＿＿＿
(3)	boy	boys	woman	＿＿＿＿＿＿＿
(4)	father	mother	uncle	＿＿＿＿＿＿＿
(5)	April	month	winter	＿＿＿＿＿＿＿
(6)	see	eye	hear	＿＿＿＿＿＿＿
(7)	sing	song	live	＿＿＿＿＿＿＿
ハイレベル (8)	art	artist	science	＿＿＿＿＿＿＿

② 【文意に合う形】
次の＿＿＿に（　）内の語を適する形にして入れなさい。
〈2点×4〉

(1) My brother drinks two ＿＿＿＿＿＿＿ of milk every morning. （glass）
(2) Yesterday ten ＿＿＿＿＿＿＿ from Korea visited our school. （student）
(3) This is not mine. It's my ＿＿＿＿＿＿＿ bag. （sister）
(4) A lot of ＿＿＿＿＿＿＿ are playing in the park. （child）

③ 【英文中での名詞の形】
次の日本文に合うように，＿＿＿に適する語を入れなさい。
〈4点×7〉

(1) この町には図書館がありません。
There are no ＿＿＿＿＿＿＿ in this town.
(2) あなたには，将来について考える時間がたくさんあります。
You have a lot of ＿＿＿＿＿＿＿ to think about your future.
(3) 紅茶を1杯いかがですか。
Would you like a ＿＿＿＿＿＿＿ ＿＿＿＿＿＿＿ tea?
(4) 両親は私にいくらかお金をくれました。
My ＿＿＿＿＿＿＿ gave me some ＿＿＿＿＿＿＿.
(5) 私は動物が大好きです。特に犬が好きです。
I like ＿＿＿＿＿＿＿ very much. I especially like ＿＿＿＿＿＿＿.
(6) 私はほかの国々から来た人たちと話したい。
I want to talk with ＿＿＿＿＿＿＿ from other ＿＿＿＿＿＿＿.
(7) 私の姉はきのう靴を1足買いました。
My sister bought a ＿＿＿＿＿＿＿ of ＿＿＿＿＿＿＿ yesterday.

4 【文意に合う名詞】

次の（　　）内から適するものを選び，記号を○でかこみなさい。　　　　〈2点×2〉

(1) I went to the zoo with my friends and we had a lot of （ ア fun　イ enjoy　ウ happy　エ interesting ）.

(2) A: What do you want to be in the future?

　　B: I want to be a （ ア singer　イ doctor　ウ pilot　エ writer ） because I want to help sick people.

ヒント (1)直前に a lot of があり，動詞(had)の目的語となっているので，適するのは名詞だけ。

5 【同意文への書きかえ】

次の各組の英文がほぼ同じ意味になるように，＿＿に適する語を入れなさい。　　〈4点×3〉

(1) ｛ Tom plays tennis very well.
　　｛ Tom is a very good tennis ＿＿＿＿＿＿＿＿.

(2) ｛ Ms. Takahashi teaches us math.
　　｛ Ms. Takahashi is our math ＿＿＿＿＿＿＿＿.

(3) ｛ My father can't speak English well.
　　｛ My father is not a good ＿＿＿＿＿＿＿＿ of English.

ヒント (1)～(3)「～する人」の意味を表す〈動詞＋ er〉の形の名詞を考える。

6 【文意に合う名詞】

✓よくでる 次の＿＿に適する語を入れなさい。ただし，1字与えられている場合は，与えられた文字で始まる語を書くこと。　　　　〈4点×8〉

(1) A: What is the ＿＿＿＿＿＿＿＿ of the flower in Japanese?

　　B: Yuri is.

(2) A: What is your favorite ＿＿＿＿＿＿＿＿?

　　B: I like math and science very much.

(3) A: Which ＿＿＿＿＿＿＿＿ do you like the best?

　　B: I like spring the best because I can enjoy cherry blossoms then.

(4) A: What did you have for ＿＿＿＿＿＿＿＿?

　　B: This morning I had rice and miso soup.

(5) A: Which month comes after July and before September?

　　B: ＿＿＿＿＿＿＿＿ does.

(6) In Japan, the school year starts in April and ends in ＿＿＿＿＿＿＿＿.

ハイレベル (7) A minute has sixty s＿＿＿＿＿＿＿＿.

(8) ＿＿＿＿＿＿＿＿ is one of the seven days of the week. It is between Wednesday and Friday.

7 代名詞

攻略のコツ 名詞のかわりをする代名詞について学習します。人称代名詞は，形が変わるので注意しましょう。

テストに出る！ 重要ポイント

❶ 人称代名詞

❶ 人称と格
- 人称代名詞には，主格・所有格・目的格の3つの形がある。

（主格）	We like sports.	（私たちはスポーツが好きです。）
	動詞(like)の主語	
（所有格）	This is our classroom.	（これは私たちの教室です。）
	名詞(classroom)を修飾	
（目的格）	She helped us .	（彼女は私たちを手伝ってくれました。）
	動詞(helped)の目的語	

- 所有代名詞(mine, yours など)は，1語で「～のもの」の意味を表す。
- 「1人称」は自分，「2人称」は相手，「3人称」はそれ以外を表す。

格＼人称	単数				複数			
	主格 ～は〔が〕	所有格 ～の	目的格 ～を〔に〕	所有代名詞 ～のもの	主格 ～は〔が〕	所有格 ～の	目的格 ～を〔に〕	所有代名詞 ～のもの
1人称	I	my	me	mine	we	our	us	ours
2人称	you	your	you	yours	you	your	you	yours
3人称	he she it	his her its	him her it	his hers ──	they	their	them	theirs

❷ it の特別用法
- it は，天気・時間・日付などを表す文の主語としても使われる。
  - この場合，it は「それは」とは訳さない。

（天気・寒暖）	It is snowing. It is cold.	（雪が降っています。寒いです。）
（時間）	What time is it ? ─ It is ten.	（何時ですか。─ 10時です。）
（日付）	It is July 30 today.	（今日は7月30日です。）

❷ 指示代名詞・不定代名詞

❶ 指示代名詞
- 近くにあるもの → this（これ），these（これら）
- 遠くにあるもの → that（あれ），those（あれら）

❷ 不定代名詞
- one…代名詞の one は，前に出た名詞をくり返すかわりに使う。
  My bike is old. I want a new one. （私の自転車は古い。新しいのがほしい。）
  = bike
  （itとの比較）My bike is old, but I like it. （でもそれが気に入っている。）
  = the bike （私が持っている古い自転車）
- some など…some, something, somebody など，some- の形の代名
  「いくらか, いくつか」「何か」「だれか」
  詞は肯定文で使い，否定文・疑問文ではふつう any- の形を使う。
- all…「全部」 ・each…「それぞれ」 ・both…「（2つのうち）両方」
  単数扱い 複数扱い
- another…「別のもう1つのもの」 ・others…「ほかのもの（複数）」
- the other…「（2つのうち）残りの1つ」
- the others…「残りのもの（複数）」
  全部で3つ以上あるとき

▶次の（　）内から適するものを選びなさい。

☑① 私は彼らが好きです。

（ ア I　イ My　ウ Me ） like （ エ they　オ their　カ them ）.

☑② 彼女は彼を知っています。

（ ア She　イ Her　ウ Hers ） knows （ エ he　オ his　カ him ）.

☑③ あなたのお父さんはそれを買いました。

（ ア You　イ Your　ウ Yours ） father bought （ エ it　オ its　カ it's ）.

☑④ これらは彼の本です。

（ ア This　イ These　ウ Those ） are （ エ he　オ his　カ him ） books.

☑⑤ 明日は晴れるでしょう。

（ ア This　イ That　ウ It ） will be sunny tomorrow.

▶次の代名詞の所有代名詞（〜のもの）の形を書きなさい。

☑⑥ I _____
☑⑦ she _____
☑⑧ you _____
☑⑨ we _____
☑⑩ he _____
☑⑪ they _____

▶次の（　）内から適するものを選びなさい。

☑⑫ あなたはペンを持っていますか。— はい，1本持っています。

Do you have a pen? — Yes, I have （ ア it　イ one　ウ that ）.

☑⑬ 彼らはみんな私に親切でした。

（ ア All　イ Some　ウ Every ） of （ エ they　オ their　カ them ） were kind to （ キ I　ク my　ケ me ）.
└ be kind to ~ 「〜に親切だ」

☑⑭ 私たちは2人とも中学生です。

（ ア Either　イ Each　ウ Both ） of （ エ we　オ our　カ us ） are junior high school students.

☑⑮ あなたはそれについて何か知っていますか。

Do you know （ ア nothing　イ anything　ウ some ） about it?

☑⑯ これは気に入りません。別のを見せてください。

I don't like this （ ア one　イ it　ウ other ）. Please show me （ エ other　オ anything　カ another ）.

☑⑰ 彼には2人子どもがいて，1人は東京，もう1人は大阪にいます。

He has two children. （ ア One　イ Another　ウ The other ） is in Tokyo, and （ エ other　オ another　カ the other ） is in Osaka.

得点アップアドバイス

冠詞と所有格

冠詞（a, an, the）や this, some などに所有格を続けることはできない。

「私の友だちの1人」

× a my friend

○ a friend of mine

再帰代名詞

「〜自身」の意味を表す。

単　数	
私自身	myself
あなた自身	yourself
彼自身	himself
彼女自身	herself
それ自身	itself

複　数	
私たち自身	ourselves
あなたたち自身	yourselves
彼ら〔彼女ら，それら〕自身	themselves

it と one の使い分け

・前に出たものと全く同一のものをさす場合（〈the＋前に出た名詞〉の働き）…it

・前に出たものと同じ種類の不特定のものをさす場合（〈a＋前に出た名詞〉の働き）…one

・形容詞，the, this などの直後にくる場合…one

nothing

・nothing は「何も〜ない」で，not 〜 anything と同じ意味になる。

I don't know anything about it.

＝I know nothing about it.

7 代名詞

41

1 【正しい代名詞の選択】

✓よくでる 次の（　）内から適するものを選び，記号を○でかこみなさい。　　〈3点×12〉

(1) The girls are kind to (ア our　イ your　ウ we　エ him).

(2) I know Mary's sisters, but my parents don't know (ア her　イ hers　ウ theirs　エ them).

(3) My sister and I bought this sweater for (ア ours　イ our　ウ us　エ we) father as a birthday present.

(4) The students cleaned (ア his　イ her　ウ its　エ their) classrooms after school.

(5) I like (ア these　イ it　ウ this　エ that) pictures very much.

ミス注意 (6) (ア Both　イ Some　ウ One　エ Many) of my friends lives in Kyoto.

(7) I lost my umbrella yesterday. I have to buy (ア my　イ it　ウ one　エ them).
└「かさ」

(8) (ア Some　イ Both　ウ Each　エ Much) of the students has a dictionary.

(9) A: Is this your bike or your sister's?

B: It's (ア she　イ hers　ウ my　エ me).

(10) A: Whose shoes are these?

B: The big ones are Ken's and the small ones are (ア I　イ my　ウ me　エ mine).

(11) A: Where's my bag? Didn't you see it?

B: Well, there's one over there. That may be (ア you　イ your　ウ yours　エ yourself).

(12) A: It's very cold today. Let's buy (ア any　イ some　ウ something　エ thing) hot to drink.

B: That's a good idea.

2 【同意文への書きかえ】

次の各組の英文がほぼ同じ意味になるように，＿＿に適する語を入れなさい。　　〈5点×4〉

(1) { He said nothing to me.
He didn't ＿＿＿＿＿＿＿ ＿＿＿＿＿＿＿ to me.

(2) { We had a lot of snow this winter.
＿＿＿＿＿＿＿ ＿＿＿＿＿＿＿ a lot this winter.

(3) { Aya helped me. I helped her, too.
Aya and I helped ＿＿＿＿＿＿＿ ＿＿＿＿＿＿＿.

ハイレベル (4) { Not all of them can swim.
＿＿＿＿＿＿＿ of them can swim, but ＿＿＿＿＿＿＿ can't.

3 【代名詞の語形変化】

次のＣとＤの関係がＡとＢの関係と同じになるように，Ｄに適する語を入れなさい。〈3点×4〉

	A	B	C	D
(1)	Tom and I	we	you and Tom	_____
(2)	I	mine	he	_____
(3)	you	yourself	we	_____
(4)	this	these	that	_____

4 【代名詞の文の語順】

次の（　　）内の語を並べかえて，意味の通る正しい英文にしなさい。〈4点×5〉

(1) *A:* How are your parents?

　　B: (are, them, of, fine, both).

　　_____

(2) *A:* (far, from, is, to, it, how, here) your school?

　　B: It's about eight hundred meters.
　　　　　　　└「メートル」

　　_____ your school?

(3) *A:* Which is your mother's car?

　　B: The (is, blue, hers, one).

　　The _____.

(4) *A:* This bag is cute, isn't it?

　　B: Well, (have, smaller, do, anything, you)?

　　Well, _____ ?

ハイレベル (5) *A:* Mom gave us these apples. She says (eat, us, one, can, of, each) after lunch.

　　B: Great. I'll take this one.

　　She says _____ after lunch.

5 【英作文】

次の[　　]に適する英語を入れて英文を完成しなさい。(1)は日本語に合う英文にすること。〈6点×2〉

(1) *A:* I have a lot of pictures of my dog on my phone. Would you like [　　　　　　　　] them?（何枚か見たい？）

　　B: Yes! I love dogs.

　　Would you like _____ them?

(2) *A:* Look at those black clouds! It's going to rain tomorrow.

　　B: I hope [　　　　　　　]. I'm going on a picnic with my family.

　　I hope _____.

8 冠詞・形容詞・副詞

攻略のコツ 冠詞や形容詞・副詞といった修飾語について学習します。用法や文中での位置に注意しましょう。

テストに出る！ **重要ポイント**

1 冠詞の用法

1 a, an と the の基本用法

- a, an は「1 つの」の意味で，数えられる名詞の単数形につける。
  └ 次にくる語が母音で始まるときには an を使う
- the は「その」の意味で，前に 1 度出た名詞をくり返す場合や，話している人どうしで何をさすかわかっている場合に用いる。

I have a dog. That's the dog. （私は犬を飼っています。あれがその犬です。）
　　　　　　　　└ 私の飼っている特定の犬をさす

Please open the door. （ドアを開けてください。）
　　　　└ どのドアなのか，話している人どうしでわかっている

2 形容詞の用法

1 形容詞の 2 つの用法

- 形容詞には，名詞の前において名詞を修飾する用法と，be 動詞などのあとにおいて主語を説明する用法がある。

（名詞の前） This is a new camera. （これは新しいカメラです。）
　　　　　　　　　　　　└ 名詞(camera)を修飾

（be 動詞のあと） This camera is new . （このカメラは新しい。）
　　　　　　　　　　　　└ 主語(This camera)を説明

2 数や量を表す形容詞

- 「たくさんの」「少しの」は，あとにくる名詞によって使い分ける。
  └ 可算(数えられる)か，不可算(数えられない)か

あとにくる名詞	たくさんの	少しの
可算名詞の複数形(books など)	many / a lot of	a few
不可算名詞(water など)	much / a lot of	a little

- some…「いくつかの，いくらかの」の意味で，可算名詞にも不可算名詞にも使うことができる。疑問文・否定文ではふつう any を使う。
- no…「(少しも)〜ない」という否定の意味を表す。not 〜 any と同じ。

I have no sisters.＝I don't have any sisters. （私には姉妹はいません。）

3 副詞の用法

1 用法

- 副詞は，動詞や形容詞，ほかの副詞を修飾する。

（動詞を修飾） He speaks English well . （彼はじょうずに英語を話します。）
　　　　　　　　　　　　　└ 動詞(speaks)を修飾

（形容詞を修飾） He is a very good student. （彼はとてもよい生徒です。）
　　　　　　　└ 形容詞(good)を修飾

2 頻度を表す副詞

- 頻度を表す副詞(always など)は，be 動詞のあと，一般動詞の前におく。
  └「いつも」

He is always kind to us. （彼はいつも私たちに親切です。）
　　└ be 動詞

He always gets up at six. （彼はいつも 6 時に起きます。）
　　└ 一般動詞

解答 別冊p.11

▶次の（　）内から適するものを選びなさい。

☑① 私は古い本を持っています。これがその本です。

I have （ ア a　イ an ）old book. This is （ ウ a　エ the ）book.

☑② 私たちにはあまり時間がありません。

We don't have （ ア much　イ a few　ウ a little ）time.

☑③ 公園には男の子が少しいます。

There are （ ア much　イ a little　ウ a few ）boys in the park.

☑④ そのコップには水が入っていますか。

Is there （ ア any　イ many　ウ a ）water in the glass?

☑⑤ 私たちは自転車で学校へ行きます。

We go to school （ ア by bike　イ by a bike　ウ by the bike ）.

☑⑥ 彼は月に一度東京へ行きます。

He goes to Tokyo once （ ア a　イ the　ウ some ）month.

☑⑦ 私の兄はよくギターをひきます。

My brother （ ア always　イ often　ウ sometimes ）plays
（ エ a　オ the　カ any ）guitar.

▶次の単語について，⑧〜⑪は「〜番目（の）」を表す語を，⑫〜⑮は反
対の意味の語を書きなさい。

☑⑧ one ＿＿＿＿＿＿　　☑⑨ two ＿＿＿＿＿＿

☑⑩ three ＿＿＿＿＿＿　　☑⑪ five ＿＿＿＿＿＿

☑⑫ new ＿＿＿＿＿＿　　☑⑬ cold ＿＿＿＿＿＿

☑⑭ difficult ＿＿＿＿＿＿　　☑⑮ big ＿＿＿＿＿＿

▶次の（　）内から適するものを選びなさい。

☑⑯ 私の祖母はゆっくりと歩きます。

My grandmother walks （ ア fast　イ slowly　ウ quickly ）.

☑⑰ 彼女は英語をじょうずに話します。

She speaks English （ ア well　イ good　ウ much ）.

☑⑱ 私の姉は数学が好きではありません。私も好きではありません。

My sister doesn't like math. I don't like math, （ ア too　イ also
ウ either ）.

☑⑲ 彼はとても速く走れます。

He can run （ ア very　イ a lot　ウ much ）fast.

得点アップアドバイス

a, an の特別用法

・「〜につき，〜ごとに」
I play tennis three times
a week.
（私は週に3回テニスを
する。）

冠詞がつかない場合

①教科名・スポーツ名
②季節・月・曜日名
③交通手段を言うとき
　by bus （バスで）
④慣用的な表現
　go to school（学校へ
行く），go to bed（寝る）
など

疑問文で使われる some

・ものをすすめるときに
は，any ではなく some
を使う。
Would you like some
tea?
（お茶はいかがですか。）

a のつかない few, little

・「ほとんど〜ない」と
いう否定的な意味にな
る。
I have a few friends.
（少し友だちがいる。）
I have few friends.
（ほとんど友だちがいな
い。）

頻度を表す副詞

いつも	always
たいてい	usually
しばしば,よく	often
ときどき	sometimes

副詞の too と either, also

・「〜もまた」を表す
too は肯定文・疑問文で
使い，否定文では either
を使う。
・also は，肯定文・疑
問文で用い，ふつう be
動詞や助動詞のあと，一
般動詞の前におく。

実力完成問題

解答▶ 別冊p.11

得点 /100

---

1 【冠詞・形容詞・副詞の正しい用法】

次の（　　）内から適するものを選び，記号を○でかこみなさい。　〈2点×5〉

(1) Does your brother play （ ア some　イ an　ウ the　エ good ） guitar?

(2) We didn't have （ ア some　イ a few　ウ many　エ much ） snow this winter.

(3) The question was very difficult, so it was not （ ア difficult　イ easy　ウ warm　エ important ） for us to answer it.

ミス注意 (4) *A:* I don't like snakes.
└「ヘビ」

　　　 B: I don't, （ ア either　イ too　ウ also　エ well ）.

(5) （ ア Almost students　イ Almost the students　ウ Almost all the students　エ Almost every student ） in this class have passed the test.
└「合格する」

2 【語形変化】

次のＣとＤの関係がＡとＢの関係と同じになるように，Ｄに適する語を入れなさい。

〈3点×6〉

	A	B	C	D
(1)	four	fourth	two	_____
(2)	nine	ninth	twelve	_____
(3)	many	few	much	_____
(4)	hot	cold	long	_____
(5)	good	well	easy	_____
ハイレベル (6)	young	old	high	_____

3 【同意文への書きかえ】

次の各組の英文がほぼ同じ意味になるように，_____に適する語を入れなさい。　〈3点×5〉

(1) { There are a lot of children in the park.
　　{ There are _____ children in the park.

(2) { This is an interesting book.
　　{ This _____ is _____.

(3) { She is a good tennis player.
　　{ She plays tennis _____.

(4) { What subject do you like the best?
　　{ What is your _____ subject?

ハイレベル (5) { I don't have any money today.
　　{ I have _____ money _____ me today.

ヒント (5)上の文は「私は今日少しもお金を持ってきていません」という意味。

4 【日本文に合う語句】

次の日本文に合うように，＿＿＿に適する語を入れなさい。 〈5点×6〉

(1) 彼女には男のきょうだいはひとりもいません。

She does ＿＿＿＿＿＿＿＿ have ＿＿＿＿＿＿＿＿ brothers.

(2) ６月は雨が多いですか。

Do you ＿＿＿＿＿＿＿＿ ＿＿＿＿＿＿＿＿ rain in June?

(3) 私は何か冷たいものが飲みたい。

I'd like to drink ＿＿＿＿＿＿＿＿ ＿＿＿＿＿＿＿＿.

(4) 私の父はいつも夜遅く帰宅します。

My father always comes ＿＿＿＿＿＿＿＿ ＿＿＿＿＿＿＿＿ at night.

ミス注意 (5) 私のクラスのほとんどの生徒はピアノがひけません。

＿＿＿＿＿＿＿＿ in my class can play the piano.

(6) トムはときどき学校に遅刻します。

Tom ＿＿＿＿＿＿＿＿ ＿＿＿＿＿＿＿＿ late for school.

5 【文意に合う語】

✓よくでる 次の＿＿＿に適する語を入れなさい。ただし，１字与えられている場合は，それぞれ与えられた文字で始まる語を書くこと。 〈3点×9〉

(1) I'm very h＿＿＿＿＿＿＿. I didn't eat breakfast this morning. I will have an early lunch.

(2) *A:* Were there many people at the concert?

B: Oh, yes. There were about three h＿＿＿＿＿＿＿ people.

(3) *A:* How do you like this shirt?

B: I don't like the color. Please show me a＿＿＿＿＿＿＿ one.

A: All right.

(4) *A:* How about going shopping this Saturday?

B: I'm sorry I can't. I'm too b＿＿＿＿＿＿＿. I have a lot of things to do this weekend.

(5) *A:* Can I talk to Ms. Koike?

B: I'm afraid you have the w＿＿＿＿＿＿＿ number.
 └ 「〔残念ながら〕～ではないかと思う」

(6) *A:* What is the ＿＿＿＿＿＿＿ month of the year?

B: It's April. Japan's school year starts that month.

(7) *A:* Could you speak ＿＿＿＿＿＿＿?

B: Oh, sorry. I was speaking too fast.

(8) *A:* What do you do on Sundays?

B: I go swimming in the city pool. I can swim ＿＿＿＿＿＿＿ fast.

(9) Thirty minutes is ＿＿＿＿＿＿＿ an hour.

ヒント (5)電話での会話。「番号をお間違えだと思います」の文に。

9 いろいろな疑問文・否定文

攻略のコツ いろいろな疑問文のほかに，注意すべき否定表現などを学習します。

テストに出る！ 重要ポイント

1 いろいろな疑問文

1 Yes / No で答える疑問文

・be 動詞の文，一般動詞の文，助動詞の文で疑問文の形が異なる。

（be 動詞の疑問文）**Is** she a high school student? （彼女は高校生ですか。）
└ be 動詞を主語(she)の前に

（一般動詞の疑問文）**Does** she **live** in Tokyo? （彼女は東京に住んでいますか。）
└ Do, Does, Did を文頭に └ 動詞は原形

（助動詞の疑問文）**Can** she **play** the guitar? （彼女はギターがひけますか。）
└ 助動詞を文頭に └ 動詞は原形

2 疑問詞がある疑問文

・疑問詞は，代名詞や形容詞・副詞の働きをし，文の初めにおく。

what	何（が，を，の）	What did you buy?	（何を買いましたか。）
who	だれ（が）	Who is that girl?	（あの女の子はだれですか。）
whose	だれの（もの）	Whose book is this?	（これはだれの本ですか。）
which	どれ（が，を，の）	Which is yours?	（どれがあなたのですか。）
when	いつ	When is your birthday?	（誕生日はいつですか。）
where	どこ（に，で）	Where is Tom?	（トムはどこにいますか。）
why	なぜ	Why did you go there?	（なぜそこに行ったのですか。）
how	どうやって どのように	How did you come here?	（どうやってここに来ましたか。）

3 疑問詞が主語の疑問文

・疑問詞が主語になる場合は，一般動詞の文でも do, does, did は使わずに肯定文と同じ語順でたずねる。

Who lives in this house? — Emi does. （だれがこの家に住んでいますか。―エミです。）
└ 主語 └ 動詞　　　　　　　　└ = lives in this house

Who cooked dinner? — Ken did. （だれが夕食を作りましたか。― ケンです。）
└ = cooked dinner

4 or の疑問文

・「A か B か」は〈疑問文の形＋A or B?〉でたずねる。

Is this tea or coffee? — It is tea. （これは紅茶ですか，コーヒーですか。― 紅茶です。）
└ ここを上げ調子で言い，文末は下げ調子で言う

2 いろいろな否定文

1 部分否定

・not の文で，**very，all，always** などが使われると部分否定になる。

I can't play the piano very well. （私はあまりじょうずにピアノをひけません。）
He doesn't always play soccer. （彼はいつもサッカーをするとは限りません。）

2 not 以外の否定語

no＋名詞	何も～ない	There are no clouds in the sky.	（空に雲が1つもない。）
never	けっして～ない	I'll never forget you.	（けっしてあなたを忘れません。）
few, little	ほとんど～ない	He has few books.	（彼はほとんど本を持っていない。）
nothing	何も～ない	He said nothing.	（彼は何も言わなかった。）
nobody	だれも～ない	Nobody knows her.	（だれも彼女を知らない。）
		└ = No one	

▶次の（　　）内から適するものを選びなさい。

☑① あなたは何の教科が好きですか。

（ ア Who　イ When　ウ What ）subject do you like?

☑② 彼はなぜカナダへ行くのですか。

（ ア Who　イ Why　ウ What ）is he going to go to Canada?

☑③ あなたは何時に起きますか。

What（ ア time　イ hour　ウ day ）do you get up?

☑④ 彼女はいつ日本に来ましたか。

（ ア Where　イ When　ウ Why ）did she come to Japan?

☑⑤ これはだれの靴ですか。

（ ア Who　イ Whose　ウ Which ）shoes are these?

☑⑥ あなたは犬が好きですか，それともネコが好きですか。

Do you like dogs（ ア or　イ and　ウ but ）cats?

▶次の下線部が答えの中心となる疑問文に書きかえるとき，適するものを選びなさい。

☑⑦ That bag is 2,000 yen.（あのかばんは2,000円です。）

→ How（ ア many　イ much　ウ far ）is that bag?

☑⑧ Mr. Suzuki is twenty-four years old.（鈴木先生は24歳です。）

→ How（ ア much　イ old　ウ tall ）is Mr. Suzuki?

☑⑨ He is going to stay in Japan for two weeks.

（彼は2週間日本に滞在する予定です。）

→ How（ ア long　イ old　ウ much ）is he going to stay in Japan?

☑⑩ She comes here once a week.（彼女は週に1回ここに来ます。）

→ How（ ア far　イ high　ウ often ）does she come here?

▶次の（　　）内から適するものを選びなさい。

☑⑪ 彼はあまり背が高くありません。

He isn't（ ア very　イ any　ウ some ）tall.

☑⑫ 私はほとんどお金を持っていません。

I have（ ア few　イ much　ウ little ）money.

☑⑬ 彼はお金を少しも持っていません。

He has（ ア no　イ any　ウ none ）money.

＝ He doesn't have（ エ no　オ any　カ none ）money.

得点アップアドバイス

疑問詞＋名詞
〈What＋名詞〉…何の〜
What sports do you like?
（何のスポーツが好きですか。）
〈Which＋名詞〉…どの〜
Which season do you like?
（どの季節が好きですか。）
〈Whose＋名詞〉…だれの〜
Whose bag is this?
（これはだれのかばんですか。）

Why 〜?
・Why 〜?（なぜ〜か。）には，Because 〜.（なぜなら〜。）か To 〜.（〜するためです。）の形で答える。

How＋形容詞／副詞〜?
How many 〜?　数「いくつ〜」
How much 〜?　量・値段「いくら〜」
How long 〜?　長さ・期間
How old 〜?　古さ・年齢
How tall[high]〜?　高さ・身長
How far 〜?　距離
How often 〜?　頻度・回数

その他の否定表現
・not 〜 at all　少しも〜ない
・not 〜 any more　これ以上〜ない
・hardly　ほとんど〜ない
・none　だれも〜ない，何も〜ない
・no longer　もはや〜ない

実力完成問題

得点

/100

1 【文意に合う疑問詞】

次の（　　）内から適するものを選び，記号を○でかこみなさい。　〈3点×3〉

(1) （ ア How　イ What　ウ Whose　エ That ）do you go to school?
　　― I walk to school.

(2) I have two pieces of cake here. （ ア How　イ Why　ウ Who　エ Which ）one
　　do you want to eat?

(3) A: （ ア How much　イ What time　ウ How often　エ What day ）do you leave
　　　　home?
　　B: I leave home at 8:00. School starts at 8:30.

2 【疑問文に適した応答文】

✓よくでる 次の対話文の［　　　　］に適する文を下から選び，記号を○でかこみなさい。　〈4点×5〉

(1) A: How long does it take from here to your school?
　　B: [　　　　　　　　]
　　　　ア About five minutes.　　　　　　イ By bike.
　　　　ウ Before lunch.　　　　　　　　エ Monday to Friday.

(2) A: I have to go home early today.
　　B: [　　　　　　　　]
　　A: My aunt is going to come to our house at four.
　　　　ア Oh, when?　　　イ Oh, where?　　　ウ Oh, why?　　　エ Oh, who?

ミス注意 (3) A: Who wrote this letter?
　　　　　　 └ write（書く）の過去形
　　B: [　　　　　　　　]
　　　　ア I was.　　　　　　イ I did.　　　　ウ It's me.　　　　エ I write.

(4) A: I hear you went to Hawaii this summer. [　　　　　　　]
　　B: We had a very good time there.
　　　　ア What did you have in Hawaii?　　イ How many times did you have it?
　　　　ウ What time did you go there?　　エ How was your trip?

ハイレベル (5) A: That's John. He's my good friend.
　　B: What's he like?
　　A: [　　　　　　　　] I like him very much.
　　　　ア He's my classmate.　　　　　　イ He's kind to everyone.
　　　　ウ His father is a doctor.　　　　エ He lives near my house.

ヒント (3)答えの文での動詞の形に注意。(5)What's he like? の like の意味に注意。

3 【応答に合う疑問詞】
次の____に適する語を入れなさい。 〈3点×5〉

(1) *A:* _____ did you put my bag? *B:* I put it on the chair.

(2) *A:* I like this bag. _____ _____ is it?
   B: It's 3,000 yen.

(3) *A:* _____ _____ do you play the piano?
   B: Almost every day.

(4) *A:* _____ do you like your coffee?
   B: I like it black, without sugar.

ハイレベル (5) *A:* How _____ will the concert begin?
   B: In just ten minutes.

4 【注意すべき否定表現】
次の日本文に合うように，____に適する語を入れなさい。 〈5点×4〉

(1) 先月ここではほとんど雨が降りませんでした。
   We _____ _____ rain here last month.

(2) 彼女は買い物に行く時間が少しもありませんでした。
   She _____ _____ _____ time to go shopping.

ハイレベル (3) だれもその少年を知りません。
   _____ _____ _____ the boy.

(4) 金持ちの人たちがいつも幸せとは限りません。
   Rich people are _____ _____ happy.

5 【場面に合う疑問文】
次のような場合，相手にどのように言えばよいか。英語で書きなさい。 〈6点×6〉

(1) 相手に出身地をたずねる場合。

(2) 相手に日本の印象をたずねる場合。

(3) 日本に来た時期をたずねる場合。

ハイレベル (4) 靴の売り場がどこかをたずねる場合。

ミス注意 (5) どのバスが駅へ行くかをたずねる場合。

(6) 自分がどれくらいの時間待たなければならないかをたずねる場合。

10 いろいろな文型

攻略のコツ 命令文やLet's 〜. の文と，主語・動詞・補語・目的語でつくられる文型について学習します。

テストに出る! 重要ポイント

❶ 命令文，Let's 〜. の文など

❶ 命令文
- ・「〜しなさい」や「〜してください」という命令文は，主語を省略し，動詞の原形で文を始める。
- ・「〜してはいけない」という否定の命令文は〈Don't＋動詞の原形 〜.〉の形。

（ふつうの文） You **open** the window. （あなたは窓を開けます。）
　　　　　　　↓主語を省略　↓動詞の原形で文を始める
（命令文） **Open** the window. （窓を開けなさい。）
　　　　　↓文頭に Don't
（否定の命令文） **Don't** open the window. （窓を開けてはいけない。）

❷ Let's 〜. の文
- ・「〜しましょう」という相手を誘う文は〈Let's＋動詞の原形 〜.〉の形。
Let's **talk** in English. （英語で話しましょう。）
　　　└動詞の原形

❸ 感嘆文
- ・「なんて〜なのでしょう！」と驚きや感嘆を表す文には 2 つの形がある。

（名詞を伴う場合） What **a beautiful flower**! （なんて美しい花なのでしょう！）
　　　　　　　　　└形容詞＋名詞　└主語＋動詞(it is など)が省略されている
（名詞のない場合） How **beautiful**! （なんて美しいのでしょう！）
　　　　　　　　　└形容詞か副詞　└主語＋動詞(it is など)が省略されている

❷ いろいろな文型

❶ become, look などの文型（SVC）
- ・become や look などの動詞は，〈主語＋動詞＋補語〉の文型をつくる。主語＝補語の関係で，「(主語) は (補語) になる」「(主語) は (補語) に見える」などの意味を表す。

（SVC の文） She became a teacher . （彼女は教師になりました。）
　　　　　　　S　　V　　　C(S＝C の関係)

❷ give, show などの文型（SVOO）
- ・give や show などの動詞は，〈主語＋動詞＋目的語(人)＋目的語(物)〉の文型をつくる。〈人＋物〉の順で目的語を 2 つとり，「(人) に (物) を与える」「(人) に (物) を見せる」などの意味を表す。
- ・この文は，〈物＋ to[for]＋人〉の形でも同じ意味を表すことができる。

（SVOO の文） He gave me this book . （彼は私にこの本をくれました。）
　　　　　　　S　V　O(人)　O(物)
（SVO＋to＋人） He gave this book to me.
　　　　　　　　S　V　　O(物)

❸ call, name などの文型（SVOC）
- ・call や name などの動詞は，〈主語＋動詞＋目的語＋補語〉の文型をつくる。目的語＝補語の関係で，「(目的語) を (補語) と呼ぶ」「(目的語) を (補語) と名づける」などの意味を表す。

（SVOC の文） We call him Ken . （私たちは彼をケンと呼びます。）
　　　　　　　S　V　O(〜を)　C(…と)(O＝C の関係)

▶次の（　）内から適するものを選びなさい。

☑ ① 部屋をそうじしなさい，マイク。

（ ア Clean　イ Cleans　ウ Cleaning ）the room, Mike.

└ 呼びかけの語

☑ ② よい女の子でいなさい。

（ ア Do　イ Is　ウ Be ）a good girl.

☑ ③ この川で泳いではいけません。

（ ア Don't　イ Please　ウ Let's ）swim in this river.

☑ ④ この歌を歌いましょう。

（ ア Don't　イ Please　ウ Let's ）sing this song.

☑ ⑤ なんて大きいのでしょう。

（ ア What　イ How　ウ Which ）big!

▶次の（　）内から適するものを選び，ほぼ同じ内容の文にしなさい。

☑ ⑥ Don't eat too much. （食べすぎてはいけません。）

You （ ア mustn't　イ can't　ウ won't ）eat too much.

☑ ⑦ Let's walk in the park. （公園を歩きましょう。）

（ ア Shall　イ May　ウ Must ）we walk in the park?

☑ ⑧ I'll show you a picture. （あなたに写真をお見せします。）

I'll show a picture （ ア at　イ for　ウ to ）you.

▶次の（　）内から適するものを選びなさい。

☑ ⑨ 彼女は教師になりました。

She （ ア be　イ became　ウ looked ）a teacher.

☑ ⑩ 彼は私たちにその話をしました。

He （ ア said　イ talked　ウ told ）us the story.

☑ ⑪ 彼女は私にこれを買ってくれました。

She bought this （ ア to　イ for　ウ at ）me.

☑ ⑫ 母は私のためにクッキーを作ってくれました。

My mother made some cookies （ ア to　イ for　ウ at ）me.

☑ ⑬ その映画は彼をスターにしました。

The movie （ ア made　イ called　ウ became ）him a star.

☑ ⑭ 私と家族はそのネコをタマと名づけました。

My family and I （ ア named　イ left　ウ found ）the cat Tama.

得点アップアドバイス

be 動詞の命令文

・be 動詞の原形は be なので，命令文は Be で文を始める。否定の命令文は Don't be ～. の形。
　Be quiet.
　　（静かにしなさい。）
　Don't be afraid.
　　（こわがらないで。）

SVC の文型をつくる動詞

be 動詞	～である
become	～になる
get	～になる
look	～に見える
feel	～に感じる

SVOO の文型をつくる動詞

give	…に～を与える
show	…に～を見せる
tell	…に～を言う
teach	…に～を教える
send	…に～を送る
buy	…に～を買う
make	…に～をつくる

SVO＋to[for]＋人

〈物＋to＋人〉になる動詞
　give, send, show,
　tell, teach
〈物＋for＋人〉になる動詞
　make, buy
＊〈物＋to[for]＋人〉の
「物」が it（それを）や
them（それらを）などの
代名詞のときは，〈人＋
物〉の語順にはできない。
　○　I gave **it** to him.
　×　I gave him **it**.

SVOC の文型をつくる動詞

call	…を～と呼ぶ
name	…を～と名づける
make	…を～にする
keep	…を～にしておく
leave	…を～にしておく
find	…が～とわかる

10 いろいろな文型

実力完成問題

得点 /100

1 【文型に合う動詞など】
次の（　　）内から適するものを選び，記号を○でかこみなさい。 〈2点×8〉

(1) I can't do my homework. （ ア Let's　イ Please　ウ Be ）help me.

(2) （ ア Be　イ Do　ウ Let's ）quiet here.

(3) （ ア No　イ Not　ウ Don't ）speak Japanese. You can use only English in this class.

(4) It （ ア got　イ caught　ウ made　エ liked ）dark.

(5) He （ ア looked　イ went　ウ called　エ bought ）her a cake.

(6) She （ ア ran　イ became　ウ learned　エ named ）the dog Pochi.

(7) Please （ ア show　イ leave　ウ send　エ look ）the door open.

(8) Tom looked （ ア happy　イ happily　ウ at happy　エ like happily ）yesterday.

2 【適する文の完成】
絵の内容に合うように，＿＿に適する語を入れなさい。 〈2点×4〉

(1) 　(2) 　(3)　(4)

(1) His name is Kenta, and his friends ＿＿＿＿＿＿ ＿＿＿＿＿＿ Ken.

(2) It was very hot, so she ＿＿＿＿＿＿ the window ＿＿＿＿＿＿.

(3) She likes his songs. His songs ＿＿＿＿＿＿ ＿＿＿＿＿＿ happy.

(4) When he read the book, he found ＿＿＿＿＿＿ ＿＿＿＿＿＿.

3 【適する応答】
次の対話文の[　　]に適するものを下から選び，記号を○でかこみなさい。 〈4点×3〉

(1) A: Look at those flowers. There are many different colors.
　　B: Yes. [　　　]!
　　　ア How beautiful　　　　　　イ How tall
　　　ウ What a waste　　　　　　エ What a day

(2) A: Let's meet in front of the library.
　　　　　　　　└「～の前で」
　　B: [　　　]
　　　ア I think so.　イ All right.　ウ Yes, please.　エ Yes, you do.

(3) A: What a beautiful day!
　　B: [　　　]
　　　ア Yes, we do.　イ No, I'm not.　ウ Yes, it is.　エ Don't mind.

4 【同意文への書きかえ】

次の各組の英文がほぼ同じ意味になるように，＿＿＿に適する語を入れなさい。　〈5点×3〉

(1) { Ms. Ito is our English teacher.
　　 { Ms. Ito ＿＿＿＿＿＿＿＿＿ us English.

(2) { Lisa's father sent her some pictures.
　　 { Lisa's father sent some pictures ＿＿＿＿＿＿＿＿ ＿＿＿＿＿＿＿＿.

(3) { If they hear the news, they will become sad.
　　 { The news will ＿＿＿＿＿＿＿＿ ＿＿＿＿＿＿＿＿ sad.

5 【いろいろな文型の語順】

✓よくでる 次の（　　）内の語(句)を並べかえて，意味の通る正しい英文にしなさい。 〈5点×5〉

(1) When I visited London, （new, to, everything, looked） me.

When I visited London, ＿＿＿＿＿＿＿＿＿＿＿＿＿＿＿＿＿＿＿＿＿ me.

(2) （of, be, making, afraid, don't） a mistake.
　　　　　　　　　　　　　└「間違い」

＿＿＿＿＿＿＿＿＿＿＿＿＿＿＿＿＿＿＿＿＿＿＿＿＿ a mistake.

ハイレベル (3) These fish aren't fresh. Don't eat them. （may, sick, they, you, make）.

(4) A: （your, you, can, me, new guitar, show）?
　　 B: OK. Here you are.

ミス注意 (5) A: Can I borrow this DVD for a few days?
　　 B: Sure. It's my favorite movie. （will, exciting, find, you, it）.

6 【英作文】

次のような場合，相手にどのように言えばよいか。英語で書きなさい。 〈6点×4〉

(1) この花を英語で何と呼ぶかをたずねる場合。

(2) 今日は歩いて学校へ行こうと誘う場合。

(3) 自分のことを Kate と呼んでほしい場合。

(4) あなたが駅への道をたずねる場合。

総合力テスト ②

時間 20分
解答 別冊p.14

得点　　／100

出題範囲：助動詞／名詞／代名詞／冠詞・形容詞・副詞／いろいろな疑問文・否定文／いろいろな文型

1 下の表の空所に入る適切なものを，右から選んでその記号を書きなさい。ただし，同じグループに属する語は順序を問いません。　　　【2点×14】

グループ	グループに属する語		
animal	(1)	cat	(2)
(3)	(4)	doctor	(5)
(6)	(7)	(8)	winter
(9)	bread	(10)	(11)
color	(12)	(13)	(14)

ア　meat　　イ　season　　ウ　red
エ　fall　　オ　food　　カ　dog
キ　pianist　　ク　brown　　ケ　mouse
コ　teacher　　サ　summer　　シ　job
ス　carrot　　セ　green

2 次の[　　]内に適する文を選び，記号を書きなさい。　　　【4点×3】

(1) *A:* How old are you?
　　B: [　　　　　]
　　　ア　No, I'm not.　　イ　I'm fifteen.　　ウ　You are young.　　エ　Yes, I'm old.

(2) *A:* I found a good Japanese restaurant. [　　　　　]
　　B: Yes, let's. I like Japanese food.
　　　ア　How about you?　　イ　Will you find it?
　　　ウ　Shall we go?　　エ　What did you eat?

(3) *A:* I don't know his name.
　　B: [　　　　　]
　　　ア　I'm not also.　　イ　Me, too.　　ウ　I don't, either.　　エ　No, I don't.

(1)		(2)		(3)	

3 次の各組の英文がほぼ同じ内容になるように，＿＿に適する語を入れなさい。　　　【3点×2】

(1) { He didn't have any time to watch TV.
　　{ He ＿＿＿＿ ＿＿＿＿ time to watch TV.

(2) { We felt sad when we heard the news.
　　{ The news ＿＿＿＿ ＿＿＿＿ sad.

(1)			(2)		

4 次の___に適する語を入れて，対話文を完成させなさい。　【4点×4】

(1) A: Is this bag yours?
　　B: No, it's not _____.

(2) A: _____ _____ people are there in your family?
　　B: There are five.

(3) A: I like math the best. How about you?
　　B: My _____ subject is music.

(4) A: Hi, my name is Mike. Nice to meet you.
　　B: Nice to meet you, too. My name is Takayuki. Please _____ me Taka.

(1)		(2)		
(3)		(4)		

5 次の日本文の意味に合う英文になるように，（　　）内の語を並べかえなさい。　【5点×4】

(1) あなたに質問したいのですが。　I'd (to, you, questions, ask, some, like).

(2) 彼は明日ここに来なくてもいいです。
　　He (here, doesn't, to, come, have) tomorrow.

(3) 私は何か冷たいものがほしいです。　（ something, like, cold, I'd).

(4) 私にその CD を貸してくれますか。　（ you, the, me, CD, can, lend)?

(1)	I'd ．
(2)	He tomorrow.
(3)	
(4)	

6 次の会話において，（　　）内に示されていることを伝える場合，どのように言えばよいか。適切な英語を書きなさい。　【6点×3】

A: Good morning, Emi.
B: Are you OK, Bob?　(1)(あなたは寒そうに見えますよ。)
A: (2)(今日はとても寒いです。)
B: Would you like hot tea?　(3)(温まりますよ。)
A: Oh, thanks a lot.

(1)	
(2)	
(3)	

11 比 較

攻略のコツ　2つ以上のものを比べる言い方を学習します。比較級・最上級の変化に注意しましょう。

テストに出る! 重要ポイント

① 比較級・最上級の文

❶ 比較変化の形
・形容詞と副詞には，原級・比較級・最上級の 3 つの形がある。ふつうの語は **-er**，**-est** 型に，つづりの長い語は **more ～**，**most ～**型に変化する。

変化のしかた	原級(もとの形)	比較級(より～)	最上級(いちばん～)
-er，-est 型	long	longer	longest
more ～，most ～型	beautiful	more beautiful	most beautiful

❷ 比較級・最上級の文
・2 つのものを比べて「…よりも～だ」と言うときには〈**比較級＋than** …〉の形で表す。

・3 つ以上のものを比べて「…の中でいちばん～だ」と言うときには〈**the＋最上級＋of[in]** …〉で表す。
└─ of＋複数を表す語句，in＋範囲・場所

(ふつうの文)	Bill is tall.	(ビルは背が高い。)
(比較級の文)	Bill is **taller** than Ken.	(ビルはケンよりも背が高い。)
(最上級の文)	Bill is **the tallest** in our class.	(ビルはクラスでいちばん背が高い。)

❸ 比較の疑問文
・2 つのものや 2 人の人のうち「どちらがより～か」とたずねるときは，〈**Which[Who] is ＋比較級，A or B?**〉の形で表す。
Which is more popular, baseball or soccer? — Soccer is.
　　　　　　popular の比較級
(野球とサッカーではどちらがより人気がありますか。— サッカーです。)

② いろいろな比較の文

❶ like ～ better / like ～ the best
・「B よりも A のほうが好きだ」は〈**like A better than B**〉で，「…の中で～がいちばん好きだ」は〈**like ～ the best of[in]** …〉で表す。
I like summer better than winter. (私は冬よりも夏のほうが好きです。)
I like tennis the best of all sports.
(私はすべてのスポーツの中でテニスがいちばん好きです。)

❷ as ～ as …
・〈**as ＋原級＋ as** …〉の形で「…と同じくらい～」という意味を，〈**not as ＋原級＋ as** …〉の形で「…ほど～でない」という意味を表す。
Tom is as tall as his father. (トムは彼の父親と同じくらい背が高い。)
My dog is not as big as yours. (私の犬はあなたの犬ほど大きくありません。)

❸ ～ times
・「…の～倍大きい」のように言うときには〈**～ times**〉を使って表す。
└─「2倍」のときは twice を使う
Her room is three times as large as mine. (彼女の部屋は私の部屋の3倍広い。)

▶次の語の比較級，最上級を書きなさい。

☑ ① long （長い）　(比較級)＿＿＿＿＿＿＿　(最上級)＿＿＿＿＿＿＿
☑ ② large （大きい）　　　＿＿＿＿＿＿＿
　　　　語尾が e
☑ ③ happy （幸せな）　　　＿＿＿＿＿＿＿
　　　└ (子音字＋y)
☑ ④ hot （暑い）　　　＿＿＿＿＿＿＿
　　　└ (短母音＋子音字)
☑ ⑤ famous （有名な）　　　＿＿＿＿＿＿＿
☑ ⑥ many （多い）　　　＿＿＿＿＿＿＿
☑ ⑦ good （よい）　　　＿＿＿＿＿＿＿

▶次の（　）内から適するものを選びなさい。

☑ ⑧ 彼は私の姉より背が高い。
　　He is （ ア tall　イ taller　ウ tallest ） than my sister.

☑ ⑨ 私はケンよりずっと早く起きます。
　　I get up much （ ア early　イ earlier　ウ earliest ） than Ken.
　　　　　　└ 比較級を強めて「ずっと」

☑ ⑩ ボブが5人の中でいちばん若いです。
　　Bob is the （ ア young　イ younger　ウ youngest ） of the five.

☑ ⑪ 私は四季の中で春がいちばん好きです。
　　I like spring the （ ア well　イ better　ウ best ） of the four seasons.

☑ ⑫ 彼女は日本で最も人気のある歌手の1人です。
　　She is one of the （ ア best popular　イ more popular　ウ most
　　popular ） singers in Japan.

☑ ⑬ 彼女はユキと同じくらい熱心に勉強します。
　　She studies as （ ア hard　イ harder　ウ hardest ） as Yuki.

☑ ⑭ この犬は私の犬の3倍の大きさです。
　　This dog is three times as （ ア big　イ bigger　ウ biggest ） as mine.
　　　　　　　└「3倍（の）」

▶次の（　）内から適するものを選び，ほぼ同じ内容の文にしなさい。

☑ ⑮ Ann is not as tall as her mother.
　　（アンは彼女の母親ほど背が高くない。）
　　Ann's mother is （ ア taller　イ shorter　ウ smaller ） than Ann.

☑ ⑯ Jim is older than Kate.（ジムはケイトより年上です。）
　　Kate is （ ア older　イ younger　ウ taller ） than Jim.

☑ ⑰ She is taller than any other girl in her class.
　　（彼女はクラスのほかのどの女子よりも背が高い。）
　　She is the （ ア tall　イ taller　ウ tallest ） girl in her class.

得点アップアドバイス

-er, -est のつけ方

語尾	つけ方
ふつう	-er, -est
-e で終わる	-r, -st
子音字＋y	y → ier, y → iest
短母音＋子音字	子音字を重ねて -er, -est

more ～, most ～型の語

beautiful（美しい）
interesting（おもしろい）
difficult（難しい）
important（重要な）
popular（人気がある）
famous（有名な）
useful（役に立つ）
slowly（ゆっくりと）など

不規則変化

・good ┐
・well ┘ ─better─best

・many ┐
・much ┘ ─more─most

much[a little]＋比較級

・比較級を強める「ずっと」は much を使い，「少し」は a little を使う。

one of the ＋最上級 …

・「最も～な…の1つ〔1人〕」と言うときは〈one of the ＋最上級＋複数名詞〉の形で表す。

ほぼ同じ内容を表す表現

・Tom is not as old as Ben.
（トムはベンほどの年ではない。）
≒ Tom is younger than Ben.
≒ Ben is older than Tom.
・Tokyo is bigger than any other city in Japan.
（東京は日本のほかのどの都市より大きい。）
≒ Tokyo is the biggest city in Japan.

得点
／100

1 【原級，比較級，最上級の用法】
次の（　）内から適するものを選び，記号を○でかこみなさい。　〈1点×10〉

(1) This desk is as（ ア old　イ older　ウ oldest　エ more old ）as mine.

(2) Your camera is（ ア small　イ smaller　ウ smallest　エ more small ）than this one.

(3) This pencil is the（ ア short　イ shorter　ウ shortest　エ more short ）of the five.

(4) I think rugby is（ ア very exciting　イ much exciting　ウ more exciting
　　　　　　　　　　└「ラグビー」
　　エ the most exciting ）than soccer.

(5) His picture is the most（ ア beautiful　イ beautifuler　ウ beautifulest　エ beautifully ）
　　of all.

(6) It's（ ア very　イ much　ウ many　エ lot ）colder today than yesterday.

(7) He has（ ア many　イ much　ウ most　エ more ）books than I do.

(8) A: Hey, is this your dog?　It's very big!
　　B: Yes, it's mine.　You have a big dog, too, right?
　　A: Well, yes, but he's not as big（ ア of　イ than　ウ to　エ as ）yours.

(9) A: I took an English test yesterday.
　　B: Was it difficult?
　　A: Yes.　There were many difficult questions, and the last one was（ ア difficult
　　　in　イ as difficult as　ウ more difficult than　エ the most difficult of ）all.

(10) A: It's really hot in July in Japan.　How about in Australia?
　　B: It's winter in my country now, and July is one of the（ ア colder　イ coldest
　　　ウ hotter　エ hottest ）months there.

2 【比較級，最上級の形】
✓よくでる 次の＿＿＿に（　）内の語を適する形にして入れなさい。ただし，1語とは限りません。

〈1点×10〉

(1) My brother is ＿＿＿＿＿＿＿＿＿ than Jack.　（young）

(2) *Hiragana* is ＿＿＿＿＿＿＿＿＿ than *kanji*.　（easy）

(3) My mother gets up ＿＿＿＿＿＿＿＿＿ than my father.　（early）

(4) Summer is the ＿＿＿＿＿＿＿＿＿ season of the year.　（hot）

(5) This is the ＿＿＿＿＿＿＿＿＿ song on this CD.　（good）

(6) This book is the ＿＿＿＿＿＿＿＿＿ of the three.　（interesting）

(7) She always has ＿＿＿＿＿＿＿＿＿ money than I do.　（much）

(8) Tom can speak Japanese ＿＿＿＿＿＿＿＿＿ than Bob.　（well）

(9) Which is ＿＿＿＿＿＿＿＿＿ to you, love or money?　（important）

(10) She read the ＿＿＿＿＿＿＿＿＿ books in our class last month.　（many）

3 【比較を表すいろいろな文の形】

次の日本文に合うように，＿＿＿に適する語を入れなさい。 〈2点×10〉

(1) この机は私のより新しいです。

This desk is ＿＿＿＿＿＿＿ ＿＿＿＿＿＿＿ mine.

(2) 私の父はブラウンさんほど忙しくはありません。

My father isn't ＿＿＿＿＿＿＿ ＿＿＿＿＿＿＿ as Mr. Brown.

(3) 彼女は日本で最も有名な歌手の1人です。

She is one of the ＿＿＿＿＿＿＿ famous singers ＿＿＿＿＿＿＿ Japan.

(4) 彼女の髪の毛は私より少し長いです。

Her hair is a ＿＿＿＿＿＿＿ ＿＿＿＿＿＿＿ than mine.

(5) 彼はあなたより5歳年上です。

He is five years ＿＿＿＿＿＿＿ ＿＿＿＿＿＿＿ you.

(6) オーストラリアは日本の約20倍の広さです。

Australia is about twenty ＿＿＿＿＿＿＿ ＿＿＿＿＿＿＿ large as Japan.

(7) この川とあの川とではどちらがよりきれいですか。

＿＿＿＿＿＿＿ is cleaner, this river ＿＿＿＿＿＿＿ that one?

(8) あなたはどんなスポーツがいちばん好きですか。

＿＿＿＿＿＿＿ sport do you like the ＿＿＿＿＿＿＿ ?

ハイレベル (9) だんだん暖かくなってきています。

It's getting ＿＿＿＿＿＿＿ and ＿＿＿＿＿＿＿ .

(10) その少女は以前よりずっときれいになりました。

The girl became ＿＿＿＿＿＿＿ prettier ＿＿＿＿＿＿＿ before.

ヒント (4)「…より少し〜」は比較級の前に a little をおく。(5)「…歳年上」は比較級の前に「…歳」という具体的な差を示す語句をおく。(6)「…倍の〜」は as 〜 as の前に「…倍」を示す〈… times〉をおく。(9)「だんだん〜」は〈比較級＋ and ＋比較級〉で表す。

4 【比較の文の条件作文】

次の(1)〜(7)は，右の4人の身長と年齢を比べた文です。＿＿＿に適する語を入れなさい。

〈2点×7〉

(1) Yuji is as ＿＿＿＿＿＿＿ as Mika.

(2) Yuji is ＿＿＿＿＿＿＿ than Mika.

(3) Emi is ＿＿＿＿＿＿＿ than Ken.

(4) Emi is the ＿＿＿＿＿＿＿ of the four.

(5) Mika is ＿＿＿＿＿＿＿ years older than Emi.

(6) Who is older, Mika or Ken?

— ＿＿＿＿＿＿＿ is.

(7) Who is the ＿＿＿＿＿＿＿ of the four?

— Yuji is.

Yuji	Mika	Ken	Emi
170cm	160cm	150cm	150cm
15歳	15歳	14歳	13歳

5 【比較の同意表現】

✓よくでる 次の各組の英文がほぼ同じ意味になるように，＿＿＿に適する語を入れなさい。

〈2点×8〉

(1) ｛ Japan is not as large as Brazil.「ブラジル」
　　｛ Japan is ＿＿＿＿＿＿＿ than Brazil.

(2) ｛ This lake is not as deep as Lake Tazawa.「深い」「田沢湖」
　　｛ Lake Tazawa is ＿＿＿＿＿＿＿ than this lake.

(3) ｛ Math is more difficult than English for me.
　　｛ English is ＿＿＿＿＿＿＿ than math for me.

(4) ｛ My bike is older than yours.
　　｛ Your bike is ＿＿＿＿＿＿＿ ＿＿＿＿＿＿＿ old as ＿＿＿＿＿＿＿.

(5) ｛ The Shinano is the longest river in Japan.「信濃川」
　　｛ The Shinano is ＿＿＿＿＿＿ ＿＿＿＿＿＿ any other ＿＿＿＿＿＿ in Japan.

(6) ｛ Lake Biwa is the largest lake in Japan.「琵琶湖」
　　｛ ＿＿＿＿＿＿＿ other lake in Japan is ＿＿＿＿＿＿＿ than Lake Biwa.

(7) ｛ My mother is the same age as Ms. Green.
　　｛ My mother is as ＿＿＿＿＿＿＿ as Ms. Green.

ハイレベル (8) ｛ No one in my class can sing as well as Jane.
　　｛ Jane is the ＿＿＿＿＿＿＿ ＿＿＿＿＿＿＿ in my class.

ヒント (6)「日本のほかのどの湖も琵琶湖より大きくない」という文にする。(8)「私のクラスのだれもジェーンほどうまく歌えない」ということは？

6 【比較の文の語順】

次の（　）内の語(句)を並べかえて，意味の通る正しい英文にしなさい。 〈2点×5〉

(1) A:（ is, in, the, what, mountain, highest ）Japan?
　　B: Mt. Fuji is.

＿＿＿＿＿＿＿＿＿＿＿＿＿＿＿＿＿＿＿＿＿＿＿＿＿＿＿ Japan?

(2) A:（ more, in, which, or, your country, baseball, is, popular ）soccer?
　　B: Soccer is.〈適切な位置にコンマ（，）を補うこと〉

＿＿＿＿＿＿＿＿＿＿＿＿＿＿＿＿＿＿＿＿＿＿＿＿＿＿＿ soccer?

(3) A: You are very tall, but Taro is taller.
　　B: Yes. He（ student, in, tallest, is, the ）our school.

He ＿＿＿＿＿＿＿＿＿＿＿＿＿＿＿＿＿＿＿＿＿ our school.

(4) A:（ season, the, you, best, of, which, like, do ）the four?
　　B: I like winter the best because I like skiing.「スキー」

＿＿＿＿＿＿＿＿＿＿＿＿＿＿＿＿＿＿＿＿＿＿＿＿ the four?

(5) Look at that bear. It（ big, looks, as, as, you, twice ）.「クマ」

It ＿＿＿＿＿＿＿＿＿＿＿＿＿＿＿＿＿＿＿＿＿＿＿＿＿.

7 【比較級を使う特別な表現】

次の日本文に合う英文になるように，（　　）内の語を並べかえなさい。ただし，**1語不足しているので補うこと**。〈2点×4〉

ミス注意 (1) ここは東京よりずっと暑いです。　（ here，than，in，hotter，it's ） Tokyo.

_____ Tokyo.

(2) 彼は100冊より多くの本を持っています。

He (than，hundred，books，has，one).

He _____ .

ハイレベル (3) ますます多くの人々が外国を訪れています。

(people，more，foreign，are，more，visiting) countries.

_____ countries.

(4) 彼はこのクラスの男子の中でいちばん人気があります。

He is (popular，other，in，any，than，more) this class.

He is _____ this class.

8 【英作文】

次の日本文を英語になおしなさい。〈3点×4〉

(1) 彼はジム（Jim）より速く走ることができます。

_____

(2) あなたの家族の中で，だれがいちばん早く起きますか。

_____

(3) 京都は日本で最も美しい都市の1つです。

_____

思考　**入試レベル問題に挑戦** ················

次の図は，ある40人のクラスの生徒に「いちばん好きな季節」をたずねた結果のグラフです。図の内容に合うように，空所に4〜5語を入れて各文を完成させなさい。

(1) Fifteen students _____ .

(2) Spring _____ winter.

(3) Fall _____ summer.

(4) Fall _____ spring.

(5) Seven students _____
the other three seasons.

12 不定詞 (1)

攻略のコツ　さまざまな意味を表す不定詞(to＋動詞の原形)の基本的な用法について学習します。

テストに出る! 重要ポイント

❶ 基本3用法

1 形と意味　・不定詞は文の主語や時制に関係なく，つねに〈to＋動詞の原形〉の形。

基本3用法	意　味	働　き
名詞的用法	～すること	動詞の目的語など
副詞的用法	～するために，～して	動詞や形容詞を修飾
形容詞的用法	～するための，～すべき	名詞や代名詞を修飾

❷ 名詞的用法

1 目的語の用法　・like や want などのあとにきて，動詞の目的語になる。

（名詞的用法）I like to play tennis.　（私はテニスをするのが好きです。）
目的語「すること」

2 主語・補語の用法　・名詞と同じように，文の主語や補語の働きをする。

To read books is important.　（本を読むことは大切です。）
(主語)　不定詞の主語は3人称単数扱いをする

My dream is to visit Canada.　（私の夢はカナダを訪れることです。）
(補語)

❸ 副詞的用法

1 目的を表す用法　・「～するために」と目的を表し，前の動詞を修飾する。

（副詞的用法）I went there to see Kumi.
目的を表す　「会うために」
（私はクミに会うためにそこに行きました。）

・Why ～? に対して「～するために」と目的を答えるときにも使われる。
Why did you go there? － To see Kumi.　（なぜそこに行ったのですか。－クミに会うためです。）

2 原因・理由を表す用法　・「～して」と感情の原因を表し，感情を表す形容詞を修飾する。

I'm glad to see you.　（私はあなたに会えてうれしいです。）
(原因)

❹ 形容詞的用法

1 名詞を修飾　・「～するための，～すべき」の意味で，前の名詞を修飾する。

（形容詞的用法）He has a lot of things to do.
名詞を修飾　「すべき」
（彼はすべきことがたくさんあります。）

2 something など を修飾　・something, anything などの代名詞をうしろから修飾する。

I want something to drink.　（私は何か飲み物がほしい。）
I want something cold to drink.　（私は何か冷たい飲み物がほしい。）
形容詞がつくと，〈something＋形容詞＋不定詞〉の語順になる。

▶次の（　　）内から適するものを選びなさい。

☑ ① 浩二は泳ぐことが好きです。

Koji likes to （ ア swim　イ swims　ウ swimming ）.

☑ ② 彼女はあなたに会いにここに来ました。

She came here to （ ア see　イ saw　ウ sees ）you.

☑ ③ あなたは何か食べ物を持っていますか。

Do you have anything （ ア eat　イ eating　ウ to eat ）?

▶次の下線部を日本語にして，意味を完成しなさい。

☑ ④ My plan is to study abroad.

私の計画は外国で（　　　　　　　　　　）です。

☑ ⑤ I want to be a scientist.
　　　　└「科学者」

私は科学者に（　　　　　　　　　　）。

☑ ⑥ They went to the park to play soccer.

彼らはサッカーを（　　　　　　　　　）公園へ行きました。

☑ ⑦ He has a lot of work to do today.

彼は今日（　　　　　　　　）仕事がたくさんあります。

☑ ⑧ She was very happy to hear the news.

彼女はそのニュースを（　　　　　　　　　）とてもうれしかった。

▶次の下線部の不定詞が名詞的用法であればア，副詞的用法であればイ，
形容詞的用法であればウを（　　）に入れなさい。

☑ ⑨ He has no time to watch TV.　　　　　　　　　　（　　）
　　（彼はテレビを見る時間がありません。）

☑ ⑩ She tried to open the door.　　　　　　　　　　（　　）
　　（彼女はドアを開けようとしました。）

☑ ⑪ There are a lot of places to visit in Rome.　　　（　　）
　　　　　　　　　　　　　└「ローマ」
　　（ローマには訪れるべき場所がたくさんあります。）

☑ ⑫ I went to the store to buy this book.　　　　　（　　）
　　（私はこの本を買いにその店に行きました。）

☑ ⑬ She looked sad to read the letter.　　　　　　（　　）
　　（彼女はその手紙を読んで悲しそうでした。）

☑ ⑭ To play video games for a long time is not good for us.　（　　）
　　（長い間テレビゲームをすることは私たちにはよくない。）

得点アップアドバイス

不定詞を目的語にとる動詞

want to ~
~したい
like[love] to ~
~するのが好き[大好き]だ
begin[start] to ~
~し始める
try to ~
~しようとする
need to ~
~する必要がある

原因・理由を表す不定詞

be happy[glad] to ~
~してうれしい
be sorry to ~
~して残念だ
be sad to ~
~して悲しい
be surprised to ~
~して驚いている

形容詞的用法の訳し方

形容詞的用法の不定詞は，「~するための」「~すべき」のほか，「~したい」「~する」などと訳すこともできる。

It is … to ~. の文

不定詞が主語になる文はあまり好まれず，It を形式的な主語にし，〈to ~〉をあとにおいて，〈It is … to ~.〉の形で表す。（→ p.68）

不定詞＋前置詞

・形容詞的用法の不定詞では，前置詞があとにつく場合がある。

a house to live in
（住む家）

これは，「家に住む」と言うときに live in a house と前置詞が必要なため。

実力完成問題 解答▶ 別冊 p.17

得点	
	/100

1 【不定詞の用法】
次の（　　）内から適するものを選び，記号を○でかこみなさい。 〈2点×5〉

(1) He wants （ ア to knows　イ to know　ウ knowing ） more about Japanese culture.
　　└「文化」
(2) She left home at five （ ア to catching　イ to caught　ウ to catch ） the first train.
(3) I was surprised （ ア at　イ to　ウ for　エ on ） meet him at the hospital.
(4) A: Why are you going to go to Australia?
　　B: （ ア To　イ For　ウ Because　エ In order ） study English.
(5) A: Hello.　Where are you going?
　　B: I'm going to the library （ ア study　イ to study　ウ studied　エ studying ） English with a friend.

2 【不定詞の形】
次の日本文に合うように，＿＿＿に適する語を入れなさい。 〈3点×4〉

(1) 彼女はきのう CD を買いにこの店に来ました。
　　She came to this store ＿＿＿＿＿＿＿＿＿ ＿＿＿＿＿＿＿＿＿ some CDs yesterday.
(2) 授業に遅れてすみません。
　　I'm sorry ＿＿＿＿＿＿＿＿＿ ＿＿＿＿＿＿＿＿＿ late for the class.
(3) 私には読まなければならない本がたくさんあります。
　　I have a lot of books ＿＿＿＿＿＿＿＿＿ ＿＿＿＿＿＿＿＿＿.
(4) 私は何か温かいものを食べたい。
　　I'd ＿＿＿＿＿＿＿＿＿ ＿＿＿＿＿＿＿＿＿ something hot.

3 【不定詞を使う同意文への書きかえ】
次の各組の英文がほぼ同じ意味になるように，＿＿＿に適する語を入れなさい。 〈4点×5〉

(1) { I'm very busy today.
　　{ I have a lot of things ＿＿＿＿＿＿＿＿＿ ＿＿＿＿＿＿＿＿＿ today.
(2) { I'm free this afternoon.
　　{ I have ＿＿＿＿＿＿＿＿＿ ＿＿＿＿＿＿＿＿＿ do this afternoon.
(3) { Can I have some food?
　　{ Can I have ＿＿＿＿＿＿＿＿＿ ＿＿＿＿＿＿＿＿＿ ＿＿＿＿＿＿＿＿＿?
ハイレベル (4) { Don't forget to call him this evening.
　　{ ＿＿＿＿＿＿＿＿＿ ＿＿＿＿＿＿＿＿＿ call him this evening.
(5) { She stayed home because she had to help her mother.
　　{ She stayed home ＿＿＿＿＿＿＿＿＿ ＿＿＿＿＿＿＿＿＿ her mother.

4 【不定詞の文の語順】
次の( )内の語(句)を並べかえて，意味の通る正しい英文にしなさい。 〈4点×8〉

(1) I (to, pictures, show, some, have) you.

I _____ you.

(2) (I, happy, am, to, you, see) here.

_____ here.

(3) Is there (to, visit, place, another) in this city?

Is there _____ in this city?

(4) He had a (children, good, help, to, those, plan).

He had a _____ .

ミス注意 (5) Please (to, cold, give, drink, something, me).

Please _____ .

(6) (to, cold, like, drink, I'd, some) water.

_____ water.

(7) We're (is, hear, sad, that, to, her mother) sick.

We're _____ sick.

ハイレベル (8) They (no, in, had, house, live, to).

They _____ .

5 【英作文】
次の日本文を英語になおしなさい。 〈4点×3〉

(1) 彼女はその花を見つけてとても幸せそうに見えました。

_____

(2) 私は英語で手紙を書こうとしました。

_____

(3) 私には，本を読んだりテレビを見たりする時間があまりありません。

_____

6 【want to ～を使う自由英作文】
あなたが旅行に行きたい場所を2か所選び，それぞれについて，「何をするために，どこへ行きたいか」を10語以上の英文で書きなさい。場所は国内でも海外でもよい。 〈7点×2〉

(1) _____

(2) _____

13 不定詞 (2)

攻略のコツ 疑問詞やいろいろな語(句)と結びついて特定の意味を表す不定詞の用法について学習します。

テストに出る! 重要ポイント

1 疑問詞 + to ～

1 how to ～
- 〈how to ＋動詞の原形〉で,「～のしかた,～する方法」の意味を表し,know などの動詞の目的語になる。

(how to ～の文)　I know **how to use** this computer.
目的語　「使い方」
(私はこのコンピュータの使い方を知っています。)

2 ask ＋人＋ to ～など

1 ask … to ～
- 〈ask ＋人＋ to ～〉の形で,「(人)に～するようにたのむ」の意味になる。

(ask ＋人＋ to ～)　I asked him **to help me**.
「私を手伝うことを」
(私は彼に,私を手伝ってくれるようにたのみました。)

2 tell[want] … to ～
- tell (～するように言う),want (～してほしい) も同じ文型をつくる。
He told me to clean the room. (彼は私に部屋をそうじするように言いました。)

3 let ＋人＋動詞の原形など (原形不定詞)

1 let … ＋動詞の原形
- 〈let ＋人＋動詞の原形〉の形で「(人)が～するのを許す」,〈help ＋人 (＋ to)＋動詞の原形〉の形で「(人)が～するのを手伝う」の意味になる。
He let me go there. (彼は私にそこへ行かせてくれた。)

4 It is … to ～.

1 It is … to ～.
- 〈It is … to ～.〉の形で,「～することは…である」の意味になる。この It は形式的な主語で,to ～の部分をさしている。

(It is … to ～.)　It is important **to learn English**.
It ＝ to ～　「英語を学ぶこと」
(英語を学ぶことは大切です。)

2 for ―
- to の前に〈for ＋人〉をおくと,「―にとって」の意味になる。
It is not easy for her to cook. (彼女にとって,料理することは簡単ではありません。)
〈for ＋人〉は to ～の意味上の主語

5 too … to ～など

1 too … to ～
- 〈too … to ～〉の形で「(あまりに)…すぎて～できない」の意味。
It was too cold to swim. (あまりにも寒すぎて泳げませんでした。)

2 … enough to ～
- 〈… enough to ～〉の形で「十分…なので～できる」の意味。
This book is easy enough to read. (この本は簡単なので読めます。)

▶次の（　　）内から適するものを選びなさい。

☑① 私は料理のしかたを知っています。

I know（ ア where　イ how　ウ when ）to cook.

☑② 彼は私に彼女を手伝うように言いました。

He told me（ ア helped　イ helping　ウ to help ）her.

☑③ その質問に答えることは簡単です。

（ ア It　イ That　ウ This ）is easy to answer the question.

☑④ 彼は忙しすぎて昼食を食べられませんでした。

He was（ ア too　イ so　ウ much ）busy to eat lunch.

☑⑤ 彼女は親切にも私を手伝ってくれました。

She was kind（ ア too　イ so　ウ enough ）to help me.

☑⑥ 英語で話すことは私にとって簡単ではありません。

It's not easy（ ア by　イ for　ウ of ）me to speak in English.

☑⑦ 私はあなたにいっしょに行ってほしい。

I（ ア tell　イ get　ウ want ）you to go with me.

☑⑧ 私にやらせてくれますか。

Will you let me（ ア try　イ to try　ウ trying ）?

▶次の（　　）内から適するものを選び，ほぼ同じ内容の文にしなさい。

☑⑨ Reading books is important.（本を読むことは大切です。）

（ ア It　イ You　ウ This ）is important to read books.

☑⑩ He said to me, "Run."（彼は私に「走れ」と言いました。）

He（ ア said　イ helped　ウ told ）me to run.

☑⑪ I said to him, "Please speak slowly."

（私は彼に「ゆっくり話してください」と言いました。）

I（ ア said　イ asked　ウ talked ）him to speak slowly.

☑⑫ It is so hot that I can't sleep well.

（とても暑いので私はよく眠れません。）

It is（ ア so　イ too　ウ enough ）hot for me to sleep well.

☑⑬ She is so rich that she can buy this car.

（彼女はとても金持ちなのでこの車を買うことができます。）

She is rich（ ア enough　イ too　ウ so ）to buy this car.

☑⑭ I don't know what I should do.（私は何をすべきかわかりません。）

I don't know what（ ア doing　イ I did　ウ to do ）.

📈 **得点アップアドバイス**

いろいろな疑問詞＋to 〜

how to 〜
〜のしかた，〜する方法
what to 〜
何を〜したらよいか
where to 〜
どこに[で]〜したらよいか
when to 〜
いつ〜したらよいか

It is … to 〜．でよく使う形容詞

good（よい），bad（悪い）
important（重要な）
difficult[hard]（難しい）
easy（簡単な）
interesting（おもしろい）
necessary（必要な）

原形不定詞と使う動詞

・〈make＋人＋動詞の原形〉「（人）に〜させる」などの形もよく使われる。

不定詞の否定

・ask[tell] … to 〜 の to 以下を否定して，「〜しないようにたのむ[言う]」と言うときは，to 〜 の前に not をおく。

　I told him **not** to run.
　（私は彼に走らないように言いました。）

It is … of － to 〜．の文

・kind（親切な）など，人の性質を表す形容詞がくるときは，for のかわりに of を使う。

　It is kind **of** him to help us.
　（彼が私たちを手伝ってくれるのは親切なことです。）

実力完成問題

解答▶ 別冊 p.18

得点 ╱100

1 【不定詞のいろいろな用法】

次の(　　)内から適するものを選び，記号を○でかこみなさい。 〈1点×8〉

(1) It's not good（ア watch　イ to watch　ウ watching　エ watches）TV for a long time.

(2) The box is（ア too　イ so　ウ to　エ much）heavy to move. 「重い」

(3) She asked them（ア waited　イ waiting　ウ for waiting　エ to wait）.

(4) My mother（ア talked　イ said　ウ spoke　エ told）me to wash the dishes. 「皿」

(5) She doesn't know（ア how　イ what　ウ which　エ who）to cook the fish.

(6) It is important（ア of　イ for　ウ if　エ who）you to study English.

(7) The girl is old enough（ア go　イ went　ウ to go　エ going）to school.

(8) I won't let Tom（ア do　イ does　ウ to do　エ doing）that.

ヒント (8)動詞 let の用法に注意。

2 【適する文の完成】

絵の内容に合うように，[　　]内の語を適当な形で使って文を完成させなさい。 〈2点×4〉

(1)

[tell / stop]
Bob was running around, so Ms. Green _____
_____.

(2)

[make / stay]
Kate had a headache, and her mother _____
_____ in bed.

(3)

[want / be]
The boys were noisy, so the girl _____
_____ quiet.

(4)

[help / carry]
The girl's bag looked heavy, so the boy _____
_____ it.

70

3 【不定詞を使ったいろいろな文型】

✓よくでる 次の日本文に合うように，＿＿＿＿に適する語を入れなさい。 〈2点×9〉

(1) あなたは昼食をどこで食べたらいいか知っていますか。

Do you know ＿＿＿＿＿＿＿＿ ＿＿＿＿＿＿＿＿＿＿ eat lunch?

(2) 彼に数学の勉強をするように言ってもらえますか。

Will you ＿＿＿＿＿＿＿＿ him ＿＿＿＿＿＿＿＿＿＿＿＿＿＿ math?

(3) 海で泳ぐことは私にとって難しいです。

＿＿＿＿＿＿＿＿＿ difficult ＿＿＿＿＿＿＿＿ me ＿＿＿＿＿＿＿＿ swim in the sea.

(4) この前の冬，私は忙しすぎてスキーに行けませんでした。

I was ＿＿＿＿＿＿＿＿ busy ＿＿＿＿＿＿＿＿ go skiing last winter.

(5) 母は私にそのパーティーへ行くのを許してくれました。

My mother ＿＿＿＿＿＿＿＿ me ＿＿＿＿＿＿＿＿ to the party.

ミス注意 (6) 私は彼らにここに3時に来てもらいたい。

I'd like ＿＿＿＿＿＿＿＿ ＿＿＿＿＿＿＿＿ come here at three.

(7) トムはもう自分で自分の面倒を見ることができる年齢だよ。

Tom is ＿＿＿＿＿＿＿＿＿＿＿＿＿＿＿＿＿＿＿＿ take care of himself.
└「～の世話をする」

(8) 彼はどちらの本を読めばいいのかわかりませんでした。

He didn't know ＿＿＿＿＿＿＿＿ ＿＿＿＿＿＿＿＿＿＿ ＿＿＿＿＿＿＿ read.

(9) 彼女は私たちに，彼女の授業では日本語を話さないように言いました。

She told us ＿＿＿＿＿＿＿＿ ＿＿＿＿＿＿＿＿ speak Japanese in her class.

4 【日本文に合う不定詞の文の完成】

次の日本文に合う英文になるように，（　　　）内の語を並べかえなさい。 〈2点×5〉

(1) あなたは彼に何をするように言いましたか。

(do, to, what, you, him, did, tell)?

＿＿＿＿＿＿＿＿＿＿＿＿＿＿＿＿＿＿＿＿＿＿＿＿＿＿＿＿＿＿＿＿＿＿

(2) この本は簡単なので私にも読めます。

This book (enough, me, to, for, read, easy, is).

This book ＿＿＿＿＿＿＿＿＿＿＿＿＿＿＿＿＿＿＿＿＿＿＿＿＿＿＿＿.

(3) 彼は正午までにその仕事を終える必要があります。

(necessary, finish, is, him, to, it, the, for, work) by noon.

＿＿＿＿＿＿＿＿＿＿＿＿＿＿＿＿＿＿＿＿＿＿＿＿＿＿ by noon.

(4) 私の家族について話をさせてください。 (me, let, about, my, talk, family).

＿＿＿＿＿＿＿＿＿＿＿＿＿＿＿＿＿＿＿＿＿＿＿＿＿＿＿＿＿＿＿＿＿＿

(5) コンピュータの使い方を私たちに教えてくれるよう彼にたのみましょう。

Let's (him, us, to, to, use, ask, teach, how) a computer.

Let's ＿＿＿＿＿＿＿＿＿＿＿＿＿＿＿＿＿＿＿＿＿＿＿＿＿ a computer.

【不定詞を使った同意表現の完成】
次の各組の英文がほぼ同じ意味になるように，＿＿＿＿に適する語を入れなさい。 〈3点×8〉

(1) {
I'm so tired that I can't walk.
I'm ＿＿＿＿＿＿＿＿ tired ＿＿＿＿＿＿＿＿ walk.
}

(2) {
She can swim fast.
She knows ＿＿＿＿＿＿＿＿ ＿＿＿＿＿＿＿＿ swim fast.
}

(3) {
We didn't know when we should leave.
We didn't know ＿＿＿＿＿＿＿＿ ＿＿＿＿＿＿＿＿ leave.
}

(4) {
She was kind and helped the old man.
She was ＿＿＿＿＿＿＿＿ ＿＿＿＿＿＿＿＿ to help the old man.
}

(5) {
Being kind to others is very important.
＿＿＿＿＿＿＿＿ is very important ＿＿＿＿＿＿＿＿ ＿＿＿＿＿＿＿＿ kind to others.
}

(6) {
He can easily answer the question.
＿＿＿＿＿＿＿＿ is easy for him ＿＿＿＿＿＿＿＿ answer the question.
}

(7) {
We will invite Ann to the party.
We will ＿＿＿＿＿＿＿＿ Ann ＿＿＿＿＿＿＿＿ come to the party.
}

ハイレベル (8) {
The teacher told them not to be late.
The teacher said to them, " ＿＿＿＿＿＿＿＿ ＿＿＿＿＿＿＿＿ late."
}

ヒント (7) invite … to ～で「…を～に招待する」。「～に来てくれるように…にたのむ」と考える。(8)「～しないように言った」は「『～するな』と言った」と考える。

【流れに合う英文】
次の[ ]に適する英文を下から選び，記号を○でかこみなさい。 〈4点×2〉

(1) A: Can you send an e-mail?
B: Yes, of course. [　　　　　]
A: Will you teach me how?
B: Sure.
ア It's difficult for you to learn how to send an e-mail.
イ It's important for me to learn how to send an e-mail.
ウ It's difficult for me to send an e-mail.
エ It's easy for me to send an e-mail.

(2) A: Can you help me a little?
B: Sure. [　　　　　]
A: Go to buy some eggs at the supermarket.
ア Where do you want to go?
イ What do you want me to do?
ウ Is it necessary to help you?
エ I'm too busy to go there.

7 【いろいろな不定詞の文の語順】

次の（　　　）内の語を並べかえて，意味の通る正しい英文にしなさい。　　　〈4点×3〉

(1)　*A:* Hello. This is Emi. Can I speak to John?

　　B: Sorry, but he's out now. Shall I take a message?

　　A: Can you please (call, him, tell, to, me) tomorrow?

　　　Can you please _____ tomorrow?

(2)　Yesterday I lost my watch and Tom (it, helped, for, me, look).

　　... and Tom _____ .

(3)　*A:* Was he angry with you?

　　B: Yes. So it was not (to, to, easy, help, him, ask) me.

　　　So it was not _____ me.

8 【英作文】

次の日本文を英語になおしなさい。　　　〈4点×3〉

(1)　今日は海で泳ぐには寒すぎます。

　　_____

(2)　野菜(vegetables)をたくさん食べることは大切です。

　　_____

(3)　私は彼らにもっと日本のことを知ってもらいたいです。

　　_____

入試レベル問題に挑戦

下の英文は，ケンジがトムに書いたメール文です。右の「伝えたいこと」に合うよう，空所に適切な英語を入れてメール文を完成させなさい。

〈メール文〉

Hi, Tom! Will you be free next Sunday?
I ① _____ my house to play a new game.
It will ② _____ together. I hope you can come.

　　　　　　　　　　　　　　　　　Kenji

〈ケンジがトムに伝えたいこと〉

・今度の日曜日，うちへ遊びに来てもらいたいということ。

・いっしょにゲームをするのは，とても楽しいだろうということ。

①　_____

②　_____

総合力テスト ③

出題範囲：比較／不定詞(1)／不定詞(2)

1 次の（　　）内から適するものを選び，記号を書きなさい。　　　　　　【3点×5】

(1) Our team is as（ ア strong　イ stronger　ウ strongest　エ the strongest ）as yours.

(2) Who is（ ア old　イ older　ウ oldest　エ the oldest ），Tom or Jim?

(3) He has a lot of things（ ア do　イ does　ウ doing　エ to do ）this afternoon.

(4) Please let me（ ア look　イ looked　ウ looking　エ to look ）at it.

(5) I was（ ア as　イ so　ウ for　エ too ）young to understand the story.

(1)		(2)		(3)		(4)		(5)	

2 次の＿＿に（　　）内の語を適する形にして入れなさい。ただし，1語とは限りません。

【3点×5】

(1) Taro comes to school the ＿＿＿＿ in our class.　（early）

(2) Your dog is ＿＿＿＿ than mine.　（big）

(3) This book is the ＿＿＿＿ of the five.　（interesting）

(4) He said, "She is the ＿＿＿＿ singer in Japan."　（good）

(5) I asked my brother ＿＿＿＿ shopping with me.　（go）

(1)		(2)		(3)	
(4)		(5)			

3 次の日本文に合うように，＿＿に適する語を書きなさい。　　　　　　【4点×4】

(1) あなたにとっていちばん大切なものは何ですか。
   What is the ＿＿＿＿ ＿＿＿＿ thing to you?

(2) あなたは夏と冬とではどちらがより好きですか。
   Which do you like ＿＿＿＿, summer ＿＿＿＿ winter?

(3) 父は私にもっと多くの本を読むように言います。
   My father tells me ＿＿＿＿ ＿＿＿＿ ＿＿＿＿ books.

(4) 朝早く起きるのは私にはつらいです。
   ＿＿＿＿ hard ＿＿＿＿ me ＿＿＿＿ get up early in the morning.

(1)			(2)		
(3)					
(4)					

4 次の日本文の意味を表す英文になるように，（　　）内の語（句）を並べかえなさい。[5点×5]

(1) あなたに見せたいものがあります。　　(have, I, show, something, to) you.

(2) 夕食を作るのを手伝ってください。　　(dinner, me, please, cook, help).

(3) 私は英語での手紙の書き方がわかりません。

(in, to, I, know, write, don't, a letter, how) English.

(4) トムはクラスでいちばん背が高い生徒です。

Tom is (any, student, taller, in, than, other, his class).

(5) 何か冷たい飲み物を持ってきていただけませんか。

(me, you, cold, would, to, bring, something, drink)?

(1)	you.
(2)	
(3)	English.
(4)	Tom is .
(5)	

5 次の日本文を英語になおしなさい。　　[6点×4]

(1) この絵はあの絵ほど有名ではありません。

(2) サッカーはこの国でいちばん人気のあるスポーツです。

(3) 私たちは彼にピアノをひいてほしかった。

(4) この子どもたちは勉強する時間がありません。

(1)	
(2)	
(3)	
(4)	

6 右の表は，競泳の100m自由形に参加した3人の選手の記録です。これをもとに，□□□内に適切な英語を入れ，3人の選手の1人を紹介しなさい。　　[5点]

選手	記録
Kate	1分02秒
Ann	1分10秒
Linda	1分23秒

□□□□□□ of the three.

of the three.

14 受動態［受け身］

攻略のコツ 「〜される」の意味を表す受動態［受け身］について学習します。過去分詞の形にも注意しましょう。

テストに出る! 重要ポイント

1 受動態の形

1 受動態の形
- 「〜される」「〜されている」という受動態の文は，〈be 動詞＋過去分詞〉の形で表す。
  └ これに対して「〜する」というふつうの文は「能動態」という
- 「…によって」と行為者を示すときは，〈by＋行為者〉をうしろにおく。

（能動態の文）Everyone **loves** her. （みんなが彼女を愛しています。）
　　　　　　　└ 主語に　　└〈be 動詞＋過去分詞〉に
（受動態の文）She **is loved** by everyone. （彼女はみんなに愛されています。）
　　　　　　　　　　　　　└「〜によって」

2 by 〜の省略
- 行為者を示す必要がないときは，by 〜は省略される。

English is spoken in many countries. （英語は多くの国々で話されています。）
　　　　　　　　　└〈by 〜〉が省略されている

3 過去の受動態
- 「〜された」「〜されていた」という過去の受動態は，be 動詞を過去形にする。

This letter **was** written by him. （この手紙は彼によって書かれました。）
　　　　　　└ is の過去形

2 受動態の疑問文・否定文

1 疑問文
- 受動態の疑問文は，be 動詞の文と同じく，be 動詞を主語の前に出す。

（肯定文）English **is** **spoken** here. （ここでは英語が話されています。）
　　　　　　　　　　　　　　└ 過去分詞のまま
（疑問文）**Is** English **spoken** here? （ここでは英語が話されていますか。）

2 否定文
- 否定文は，be 動詞のあとに not をおく。

（肯定文）This room is **used** now. （この部屋は現在使われています。）
　　　　　　　　　　　　　　└ 過去分詞のまま
（否定文）This room is **not** **used** now. （この部屋は現在使われていません。）

3 注意すべき受動態

1 SVOO
- SVOO の文には目的語が 2 つあるので，2 通りの受動態が考えられる。
  └「…に」と「〜を」
He gave <u>me</u> <u>this book</u>. （彼は私にこの本をくれました。）
→I was given this book by him. / This book was given to me by him.
　▲ I を主語にした形　　　　　　　▲ this book を主語にした形

2 SVOC
- SVOC の受動態は <u>O</u> を主語にし，<u>C</u> はそのまま動詞のあとに残す。
  └ 目的語「〜を」　　└ 補語「〜と」
We call <u>her</u> <u>Aki</u>. （私たちは彼女をアキと呼びます。）
　　　　　O　　C
→She is called Aki (by us).

3 by 以外の前置詞
- by 以外の前置詞を使う受動態があり，きまった表現として使われる。

be interested in 〜 （〜に興味がある）　　be made of[from] 〜 （〜でできている）
be surprised at 〜 （〜に驚く）　　　　　be known to 〜 （〜に知られている）

解答 別冊p.20

▶次の（　）内から適するものを選びなさい。

① 英語は世界中で話されています。

English is （ ア speak　イ speaking　ウ spoken ） all over the world.

② 京都は多くの人々に訪れられます。

Kyoto is visited （ ア by　イ of　ウ for ） a lot of people.

③ この橋は昨年つくられました。

This bridge （ ア is　イ was　ウ were ） built last year.

▶次の動詞の過去分詞を書きなさい。

④ open ＿＿＿＿＿＿＿＿

⑤ like ＿＿＿＿＿＿＿＿
└ e で終わる

⑥ try ＿＿＿＿＿＿＿＿
└〈子音字＋y〉で終わる

⑦ plan ＿＿＿＿＿＿＿＿
└〈短母音＋子音字〉で終わる

⑧ write ＿＿＿＿＿＿＿＿

⑨ see ＿＿＿＿＿＿＿＿

⑩ have ＿＿＿＿＿＿＿＿

⑪ bring ＿＿＿＿＿＿＿＿

⑫ run ＿＿＿＿＿＿＿＿

⑬ put ＿＿＿＿＿＿＿＿

▶次の（　）内から適するものを選びなさい。

⑭ あの本はみんなに読まれていますか。

（ ア Is　イ Does　ウ Do ） that book read by everyone?
└ 発音は[réd レッド]

⑮ このケーキは久美によって作られたのですか。

（ ア Is　イ Did　ウ Was ） this cake made by Kumi?

⑯ 私のかばんは見つかりませんでした。

My bag （ ア isn't　イ wasn't　ウ didn't ） found.

⑰ 私たちはパーティーに招待されないでしょう。

We will （ ア not be　イ be not　ウ aren't ） invited to the party.

▶次の文を受動態に書きかえるとき，適するものを選びなさい。

⑱ He told us the story. （彼は私たちにその話をしました。）

→ We （ ア were told　イ are told　ウ told ） the story by him.

⑲ We take care of the boy. （私たちはその少年の世話をします。）

→ The boy is （ ア care taken　イ taken care　ウ taken ） of by us.

⑳ They call him Bob. （彼らは彼をボブと呼びます。）

→ （ ア Bob is called him.　イ He is called Bob.　ウ He is Bob called. ）

㉑ Everyone knows the name. （みんながその名前を知っています。）

→ The name is known （ ア at　イ in　ウ to ） everyone.

得点アップアドバイス

過去分詞

▼規則動詞(過去形と同じ)

動詞の語尾	つけ方
ふつう	-ed
-e で終わる	-d だけ
子音字＋y	y → ied
短母音＋子音字	1字重ねて -ed

▼不規則動詞

① ABC 型(3つとも異なる)

| speak － spoke － spoken |
| write － wrote － written |

② ABB 型(過去形と過去分詞が同じ)

| make － made － made |
| say － said － said |

③ ABA 型(原形と過去分詞が同じ)

| come － came － come |
| run － ran － run |

④ AAA 型(3つとも同じ)

| cut － cut － cut |
| put － put － put |

助動詞のある受動態

・〈**助動詞＋be＋過去分詞**〉の形。be 動詞は原形の be になる。

　The work **will be finished** tomorrow.
（その仕事は明日終わるでしょう。）

・疑問文は助動詞を主語の前に出す。

　Will the work **be finished** tomorrow?

連語の受動態

・連語をひとまとまりの動詞として，〈**be 動詞＋過去分詞＋前置詞など**〉の形になる。

　She looks after him.
（彼女は彼の世話をします。）

→ He is **looked after** by her.

1 【動詞の過去分詞】
次の動詞の過去分詞を書きなさい。　　　　　　　　　　　　　　　〈1点×10〉

(1) wash 　＿＿＿＿＿＿＿＿
「洗う」

(2) introduce 　＿＿＿＿＿＿＿＿
「紹介する」

(3) carry 　＿＿＿＿＿＿＿＿
「運ぶ」

(4) drop 　＿＿＿＿＿＿＿＿
「落とす」

(5) leave 　＿＿＿＿＿＿＿＿

(6) lose 　＿＿＿＿＿＿＿＿

(7) keep 　＿＿＿＿＿＿＿＿

(8) eat 　＿＿＿＿＿＿＿＿

(9) hear 　＿＿＿＿＿＿＿＿

(10) do 　＿＿＿＿＿＿＿＿

2 【受動態の文の形】
次の（　　）内から適するものを選び，記号を○でかこみなさい。　〈1点×7〉

(1) These pictures（ ア is　イ was　ウ are　エ did ）loved around the world.

(2) English is（ ア study　イ studies　ウ studying　エ studied ）by many students.

(3) This song（ ア is sung　イ was sung　ウ is singing　エ was singing ）about ten years ago.

(4) I'm（ ア surprising　イ surprised　ウ surprise　エ surprises ）at the news.

(5) （ ア Was　イ Did　ウ Is　エ Does ）this bike used last night?

(6) The dinner（ ア didn't　イ won't　ウ wasn't　エ aren't ）made by her.

(7) The mountain is covered（ ア at　イ of　ウ with　エ to ）snow.

3 【受動態の文の完成】
次の日本文に合うように，＿＿＿＿に適する語を入れなさい。　　　〈1点×6〉

(1) あなたの国では何語が話されていますか。
What language ＿＿＿＿＿＿＿＿＿ ＿＿＿＿＿＿＿＿＿ in your country?

(2) このお寺は奈良時代に建てられました。
This temple ＿＿＿＿＿＿＿＿＿ ＿＿＿＿＿＿＿＿＿ in the Nara period.
「寺」　　　　　　　　　　　　　　　　　　　　　　　　　「時代」

(3) 毎日，多くの木々が切り倒されます。
A lot of trees ＿＿＿＿＿＿＿＿＿ ＿＿＿＿＿＿＿＿＿ down every day.

(4) おもしろい話をその老人が話してくれました。
An interesting story ＿＿＿＿＿＿＿＿＿ ＿＿＿＿＿＿＿＿＿ by the old man.

(5) 健のお母さんが1杯のコーヒーを持ってきてくれました。
A cup of coffee ＿＿＿＿＿＿＿＿＿ ＿＿＿＿＿＿＿＿＿ by Ken's mother.

ハイレベル (6) その病気の男の人は息子に世話をしてもらいました。
The sick man was ＿＿＿＿＿＿＿＿＿ ＿＿＿＿＿＿＿＿＿ by his son.

4 【受動態の疑問文・否定文など】

次の英文を（　　）内の指示にしたがって書きかえなさい。　〈2点×5〉

(1) Soccer is played by twenty-two players.　（疑問文に）

---

(2) Ken's mother was helped by them.　（否定文に）

---

(3) My homework is finished.　（文末に tomorrow を加えて未来の文に）

---

(4) This cake was made yesterday.　（下線部をたずねる疑問文に）

---

(5) That cap was bought at this shop.　（下線部をたずねる疑問文に）

---

5 【適する文の完成】

[　　]内の英文を参考にして，絵の内容に合う受動態の文を完成させなさい。　〈2点×5〉

(1) [Many students like the teacher.]
The teacher _____ .

(2) [They don't teach English at that school.]
English _____ at that school.

(3) [A foreigner spoke to me.]
I _____ a foreigner.

(4) [We can see a lot of stars at night.]
A lot of stars _____ at night.

(5) [We call these flowers roses in English.]
These flowers _____ in English.

【同意文への書きかえ】

✓よくでる 次の各組の英文がほぼ同じ意味になるように，＿＿＿に適する語を入れなさい。

〈2点×9〉

(1)
{
They don't speak English in that country.
English ＿＿＿＿＿＿＿ ＿＿＿＿＿＿＿ in that country.
}

(2)
{
My sister took these pictures last year.
These pictures ＿＿＿＿＿＿＿ ＿＿＿＿＿＿＿ by my sister last year.
}

(3)
{
The cat ate that fish.
That fish ＿＿＿＿＿＿＿ ＿＿＿＿＿＿＿ by the cat.
}

(4)
{
My grandfather gave me this pen.
This pen ＿＿＿＿＿＿＿ ＿＿＿＿＿＿＿ to me by my grandfather.
}

(5)
{
My mother usually uses this computer.
This computer ＿＿＿＿＿＿＿ ＿＿＿＿＿＿＿ ＿＿＿＿＿＿＿ by my mother.
}

(6)
{
This singer is popular among young girls.
This singer ＿＿＿＿＿＿＿ ＿＿＿＿＿＿＿ by young girls.
}

(7)
{
What did they sell at that store?
What ＿＿＿＿＿＿＿ ＿＿＿＿＿＿＿ at that store?
}

(8)
{
The history of Japan is interesting to her.
She is ＿＿＿＿＿＿＿ ＿＿＿＿＿＿＿ the history of Japan.
}

ハイレベル (9)
{
This temple is 1000 years old. ┗「寺」
This temple ＿＿＿＿＿＿＿ ＿＿＿＿＿＿＿ 1000 years ago.
}

ヒント (5) usually はふつう一般動詞の前，be 動詞のあとにくる。(6)「人気がある」ということは「好かれている」と同意。(8)「日本史は彼女にはおもしろい」を「彼女は日本史に興味がある」とする。(9)「この寺は建って 1000 年です」ということは「1000 年前に建てられた」ということ。

7 【問答文の完成】

次の＿＿＿に適する語を入れて問答文を完成しなさい。

〈3点×5〉

(1) A: Were you invited to the party?

B: ＿＿＿＿＿＿＿, ＿＿＿＿＿＿＿ ＿＿＿＿＿＿＿. It was fun.

(2) A: Were these bikes made in China?

B: ＿＿＿＿＿＿＿, ＿＿＿＿＿＿＿ ＿＿＿＿＿＿＿. They were made in Japan.

(3) A: Did you make these cookies?

B: No. ＿＿＿＿＿＿＿ ＿＿＿＿＿＿＿ ＿＿＿＿＿＿＿ by my mother.

(4) A: Do you know who wrote this book?

B: Yes. ＿＿＿＿＿＿＿ ＿＿＿＿＿＿＿ by Murakami Haruki.

(5) A: ＿＿＿＿＿＿＿ ＿＿＿＿＿＿＿ this animal ＿＿＿＿＿＿＿ in Japanese?

B: We call it "tanuki" in Japanese.

8 【受動態の文の語順】

✓よくでる 次の（　　）内の語を並べかえて，意味の通る正しい英文にしなさい。　　〈3点×4〉

(1) *A:* I read this book. It was very interesting.

   B: Yes. It's very popular and (by, lot, a, is, of, read) people.

    It's very popular and _____ people.

(2) *A:* This river is clean, isn't it?

   B: Yes. (is, by, volunteers, cleaned, it) every month.

    _____ every month.

(3) *A:* What is this? Is it a Japanese food?

   B: Yes. We call it *mochi*. It (made, rice, is, from).

    It _____ .

(4) *A:* I love this song. It's popular all over the world, isn't it?

   B: Yes, it (countries, sung, many, in, is).

    Yes, it _____ .

9 【英作文】

次の日本文を英語になおしなさい。　　〈4点×3〉

(1) このネコはタマと呼ばれています。

_____

(2) この本は簡単な英語で書かれています。

_____

(3) 明日，私の誕生日パーティーが開かれます。

_____

入試レベル問題に挑戦 ....

下の英文は，ユカリが書いたスピーチの原稿ですが，下線部に間違いがあります。それぞれを正しい形に書きなおしなさい。

My school is old but beautiful. ①It is built ninety years ago. There are a lot of trees and flowers in our school. ②The flowers are taken care by students. ③I am interested with beautiful things, so I like looking at the flowers. Please come to my school and enjoy the beautiful flowers with me.

① _____ .

② _____ .

③ _____ , so ...

15 動名詞・分詞

攻略のコツ 名詞と同じ働きをする動名詞や，名詞を修飾する現在分詞と過去分詞について学習します。

テストに出る! 重要ポイント

① 動名詞

① 動名詞の形と意味

・動詞の -ing 形は，進行形の文で使われるほかに，「～すること」の意味で名詞と同じ働きをする(動名詞)。

(動詞＋名詞) I like apples. (私はりんごが好きです。)
名詞「りんご」
目的語

(動詞＋動名詞) I like dancing. (私はおどることが好きです。)
動名詞「おどること」
目的語

② 動名詞のいろいろな働き

・動名詞は名詞の働きをするので，動詞の目的語になるほか，文の主語にも補語にもなる。

Playing tennis is fun. (テニスをすることは楽しい。)
主語

My hobby is playing tennis. (私の趣味はテニスをすることです。)
補語

・動名詞は，前置詞の目的語として前置詞のあとでも使われる。

She is good at speaking English. (彼女は英語を話すのが得意です。)
前置詞 at の目的語

③ 動名詞と不定詞

・動名詞は，不定詞の名詞的用法と同じ働きをするが，動詞によっては動名詞・不定詞のどちらを目的語にとるか決まっているものがある。

(like …どちらでもよい) I like dancing. ＝ I like to dance.
動名詞　　　　　　　不定詞

(enjoy …動名詞) I enjoyed swimming(× *to swim*). (私は泳ぐことを楽しみました。)
動名詞

(want …不定詞) I want to swim(× *swimming*). (私は泳ぎたい。)
不定詞

② 名詞を修飾する分詞

① 名詞を修飾する -ing 形

・〈動詞の -ing 形＋語句〉は，「～している…」の意味で直前の名詞をうしろから修飾する働きをする。(現在分詞の形容詞用法)
「現在分詞」ともいう

The girl talking with Tom is Emi. (トムと話している女の子はエミです。)
「女の子」　「トムと話している」
修飾

I know the boy playing the guitar.
「男の子」　「ギターをひいている」
修飾

(私はギターをひいている男の子を知っています。)

② 名詞を修飾する過去分詞

・〈過去分詞＋語句〉は，「～された…」の意味で直前の名詞をうしろから修飾する働きをする。(過去分詞の形容詞用法)

The letter written by Yuki was long.
「手紙」　「ユキによって書かれた」
修飾

(ユキによって書かれた手紙は長かった。)

This is a car made in Japan.
「車」　「日本でつくられた」
修飾

(これは日本でつくられた車です。)

▶次の（　　）内から適するものを選びなさい。

☑ ① 私たちは歌を歌って楽しみました。

We enjoyed（ ア sing　イ to sing　ウ singing ）songs.

☑ ② あなたはニューヨークへ行きたいですか。

Do you want（ ア go　イ to go　ウ going ）to New York?

☑ ③ 電話をくれてありがとう。

Thank you for（ ア calling　イ to call　ウ call ）me.

☑ ④ 車を洗うことは楽しいです。

（ ア Wash　イ Washes　ウ Washing ）a car is fun.

☑ ⑤ 彼女たちは話すのをやめました。

They stopped（ ア to talk　イ talking　ウ talk ）.

☑ ⑥ 彼はその本を買うことを決めました。

He decided（ ア to buy　イ buying　ウ bought ）the book.

☑ ⑦ 忘れずに私に手紙を書いてください。

Remember（ ア to write　イ writing　ウ written ）to me.

▶次の動詞の -ing 形を書きなさい。

☑ ⑧ study _____

☑ ⑨ use _____
_{eで終わる}

☑ ⑩ sit _____
_{〈短母音＋子音字〉で終わる}

☑ ⑪ swim _____
_{〈短母音＋子音字〉で終わる}

▶次の（　　）内から適するものを選びなさい。

☑ ⑫ テニスをしている少女は私の姉です。

The girl（ ア plays　イ played　ウ playing ）tennis is my sister.

☑ ⑬ これはケンによって語られた物語です。

This is a story（ ア tell　イ told　ウ telling ）by Ken.

☑ ⑭ 彼は英語で書かれた手紙を受け取りました。

He got a letter（ ア written　イ writing　ウ wrote ）in English.

☑ ⑮ 私はカナダに住んでいる友だちがいます。

I have a friend（ ア lives　イ living　ウ lived ）in Canada.

☑ ⑯ 眠っている赤ん坊を見なさい。

Look at the（ ア sleeps　イ sleeping　ウ slept ）baby.

☑ ⑰ 彼女はなくしたペンを見つけました。

She found the（ ア lose　イ losing　ウ lost ）pen.

📈 **得点アップアドバイス**

動名詞と不定詞の使い分け

動詞	目的語
enjoy（楽しむ）	~ing（動名詞）
finish（終える）	
stop（やめる）	
want（したい）	to~（不定詞）
hope（望む）	
decide（決心する）	
like（好きだ）	~ing
love（大好きだ）	to~
begin[start]（始める）	（両方可）

目的語が動名詞と不定詞で意味が異なる動詞

try to ~
「~しようとする」
try ~ing
「試しに~する」

remember to ~
「忘れずに~する」
remember ~ing
「~したことを覚えている」

forget to ~
「~するのを忘れる」
forget ~ing
「~したことを忘れる」

現在分詞が単独の場合

・単独の場合は，修飾する名詞のすぐ前にくる。

That running boy is Ken.

（あの走っている少年はケンです。）

a sleeping cat
（眠っているネコ）

a flying bird
（飛んでいる鳥）

過去分詞が単独の場合

・修飾する名詞のすぐ前にくる。

He bought a used car.

（彼は中古車を買いました。）

a broken window
（割れた窓）

a closed room
（閉まっている部屋）

15　動名詞・分詞

実力完成問題

解答 ▶ 別冊p.22

得点
/100

1 【動名詞・分詞の用法】

次の（　）内から適するものを選び，記号を○でかこみなさい。　〈2点×10〉

(1) Who is that boy（ ア to play　イ playing　ウ plays　エ played ）tennis with Kumi?

(2) He finished（ ア to do　イ doing　ウ did　エ done ）his homework.

(3) （ ア Sing　イ Sang　ウ Sung　エ Singing ）this song is difficult for me.

(4) She uses an old pen（ ア make　イ made　ウ making　エ makes ）in Germany.
└「ドイツ」

(5) We hope（ ア to see　イ seeing　ウ saw　エ seen ）you again.

(6) I learned a lot by（ ア read　イ to read　ウ reads　エ reading ）the book.

(7) This is a Japanese doll（ ア to call　イ calling　ウ calls　エ called ）*kokeshi*.

(8) He went out without（ ア to tell　イ telling　ウ tells　エ told ）the story to me.

(9) Look at that（ ア sleeping　イ sleeps　ウ slept　エ to sleep ）dog.

ミス注意 (10) The mountain（ ア see　イ seeing　ウ seen　エ to see ）over there is Mt. Fuji.

ヒント (1)(4)(7)(10) 名詞のあとの〈分詞＋語句〉が「～している…」という意味で名詞を修飾するなら -ing 形，「～される…」という意味なら過去分詞。

2 【動名詞，現在分詞・過去分詞の形】

✓よくでる 次の____に（　）内の語を適する形にして入れなさい。　〈2点×5〉

(1) Did you enjoy _____ in the sea during the summer vacation?（swim）

(2) These books _____ by his aunt are very interesting.　（write）

(3) The child _____ over there is my son.　（run）
└「むすこ」

(4) Bob is the boy _____ next to Ken.　（sit）

(5) We stayed at an old house _____ about 100 years ago.　（build）

3 【動名詞，分詞の同意表現】

次の各組の英文がほぼ同じ意味になるように，____に適する語を入れなさい。　〈3点×5〉

(1) ⎰ My father made these cookies yesterday. I like them.
　　⎱ I like these cookies _____ by my father yesterday.

(2) ⎰ A girl is playing tennis with Mr. White. She is my daughter.
　　⎱ The girl _____ tennis with Mr. White is my daughter.
└「娘」

(3) ⎰ Shall we go shopping this afternoon?
　　⎱ How about _____ shopping this afternoon?

(4) ⎰ What language do they speak in Australia?
　　⎱ What is the language _____ in Australia?

ハイレベル (5) ⎰ My brother cooks well.
　　　　　⎱ My brother is _____ at _____.

4 【日本文に合う英文の完成】
次の日本文の意味を表す英文になるように，（　　　）内の語(句)を並べかえなさい。〈4点×3〉

(1) 私の父は先週，中古車を買いました。

My father (a, bought, car, last, used) week.

My father _____ week.

(2) あなたはむこうで音楽を聞いている女の子を知っていますか。

Do you know (music, over, to, the girl, listening) there?

Do you know _____ there?

(3) パーティーに招いてくださってありがとうございます。

Thank you (inviting, the party, me, for, to).

Thank you _____ .

5 【適する文の完成】
絵の内容に合うように，[　　　]内の語句を適切な形で使って各文を完成させなさい。〈5点×5〉

(1) [boy, take, pictures]
(2) [hobby, take, pictures]
(3) [interested, take, pictures]
(4) [pictures, take, by, Ken]
(5) [enjoy, take, pictures, on Sundays]

I took these beautiful pictures!

(1) The _____ Ken.

(2) His _____ .

(3) He _____ .

ミス注意 (4) The _____ beautiful.

(5) He _____ .

6 【英作文】
次の日本文を英語になおしなさい。ただし，動名詞か分詞を用いること。〈6点×3〉

(1) 私には秋田に住んでいるおじがいます。

_____

(2) 太郎と呼ばれている少年があなたに会いに来ました。

_____

(3) いっしょにお昼ごはんを食べるのはいかがですか。

_____

現在完了形

16

攻略のコツ 〈have＋過去分詞〉の現在完了形の文を学習します。用法と意味をしっかりマスターしましょう。

テストに出る！ 重要ポイント

❶ 現在完了形の形と用法

1 現在完了形の形 ・〈**have＋過去分詞**〉の形。主語が3人称単数のときは has を使う。

2 「継続」の用法 ・「**（過去から現在まで）ずっと～している**」という意味で，過去に始まった状態が現在も続いていることを表す。

・**since ～**（～以来）や **for ～**（～の間）の形で継続している期間を表す。
　　　　　└過去のある時点を表す語句　　　└期間を表す語句

> （現在形の文）I **am** busy now. 　（私は今，忙しい。）
>
> （現在完了形の文）I **have been** busy since last week.
> 　　　　　　　　　└have＋beの過去分詞
> 　　　　　　　　　　　　　　　　　（私は先週からずっと忙しい。）

・過去に始まった動作が現在も続いていることは，**現在完了進行形**〈**have been ～ing**〉で表す。
　He has been running for an hour. （彼は1時間ずっと走っています。）

3 「完了」の用法 ・「**（ちょうど）～したところだ**」「**（すでに）～してしまった**」の意味で，過去に始まった動作が完了したことを表す。

・**just**（ちょうど）や **already**（すでに）などとともによく使われる。
　I have just finished my homework. （私はちょうど宿題を終えたところです。）

4 「経験」の用法 ・「**（今までに）～したことがある**」の意味で，現在までの経験を表す。

・回数を表す語句や **before**（以前に）などとともによく使われる。
　She has visited Nara three times. （彼女は3回奈良を訪れたことがあります。）

❷ 現在完了形の疑問文と否定文

1 疑問文 ・現在完了形の疑問文は have［has］を主語の前に出す。

> （肯定文）You **have** lived here for a year.
> 　　　　　　　└haveを主語の前に
> 　　　　　　　　（あなたは1年間ここに住んでいます。）
>
> （疑問文）**Have** you lived here for a year?
> 　　　　　　　　　　　（あなたは1年間ここに住んでいますか。）
>
> （答え方） ― Yes, I **have**. （はい，住んでいます。）
> 　　　　　 ― No, I **haven't**. （いいえ，住んでいません。）
> 　　　　　　　　　　└have not の短縮形

2 否定文 ・現在完了形の否定文は have［has］のあとに not をおく。

> （肯定文）He has 　　　　 seen the movie. （彼はその映画を見たことがあります。）
> 　　　　　　　　↓has のあとに not
> （否定文）He has **not** seen the movie. （彼はその映画を見たことがありません。）

・「経験」の否定文では not のかわりに never（一度も～ない）も使われる。
　I have never seen him. （私は一度も彼に会ったことがありません。）

▶次の（　　）内から適するものを選びなさい。

① 私は 10 年間この町に住んでいます。

I've（ ア live　イ lived　ウ living ）in this town for ten years.
└ I have の短縮形

② 彼女はちょうどここに着いたところです。

She（ ア has　イ is　ウ does ）just arrived here.

③ あなたは今までにすしを食べたことがありますか。

（ ア Did　イ Were　ウ Have ）you ever eaten *sushi*?

④ 私たちは長い間この車を使っていません。

We've（ ア not　イ don't　ウ aren't ）used this car for a long time.
└ We have の短縮形

▶次の動詞の過去分詞を書きなさい。

⑤ want ＿＿＿＿＿＿＿＿　⑥ try ＿＿＿＿＿＿＿＿
　　　　　　　　　　　　　└〈子音字＋y〉で終わる

⑦ stop ＿＿＿＿＿＿＿＿　⑧ be ＿＿＿＿＿＿＿＿
　└〈短母音＋子音字〉で終わる

⑨ see ＿＿＿＿＿＿＿＿　⑩ leave ＿＿＿＿＿＿＿＿

▶次の（　　）内から適するものを選びなさい。

⑪ 彼らは先週からここに滞在しています。

They have stayed here（ ア for　イ since　ウ just ）last week.

⑫ あなたはどれくらいこの家に住んでいるのですか。

How（ ア long　イ for　ウ many ）have you lived in this house?

⑬ 私はすでにそのケーキを食べてしまいました。

I've（ ア before　イ yet　ウ already ）eaten the cake.

⑭ 彼はまだ手紙を書いていません。

He has not written the letter（ ア still　イ yet　ウ already ）.

⑮ 彼女はもうここに来ていますか。

Has she come here（ ア still　イ yet　ウ since ）?

⑯ 私はカナダへ 2 回行ったことがあります。

I've（ ア went　イ go　ウ been ）to Canada twice.

⑰ 彼女は一度も富士山を見たことがありません。

She has（ ア never　イ ever　ウ often ）seen Mt. Fuji.

⑱ あなたは何回東京を訪れたことがありますか。

How（ ア many　イ much　ウ long ）times have you visited Tokyo?

⑲ 私は正午からずっと待っています。

I（ ア am waiting　イ have waiting　ウ have been waiting ）since noon.

得点アップアドバイス

過去を表す語句と現在完了形

・yesterday（きのう）や last week（先週）などの過去のある時点を表す語句は現在完了形では使わない。

×I've visited there *last year*.

　ただし，〈since＋過去のある時点〉の形では使われる。

ever の用法

「経験」の疑問文では過去分詞の前に ever（今までに）をともなうことが多い。

have been to ～

・「～に行ったことがある」という経験の文は have been to ～で表す。

I've never been to China.

（私は中国に一度も行ったことがありません。）

yet の 2 つの意味

・yet は疑問文では「もう」，否定文では「まだ」の意味。

Have you ～ **yet**?

（**もう**～しましたか。）

I have not ～ **yet**.

（**まだ**～していません。）

期間・回数をたずねる

・「どれくらい（長く）～か」と期間をたずねるときは How long ～? を使い，「何回～か」という回数は How many times ～? でたずねる。

回数を表す語句

1 回	once
2 回	twice
3 回	three times
何度も	many times

得点 ／100

1 【現在完了形の用法】

次の（　）内から適するものを選び，記号を○でかこみなさい。　〈1点×10〉

(1) They（ ア live　イ lived　ウ was living　エ have lived ）in this town last year.

(2) The soccer game（ ア is　イ did　ウ have　エ has ）just started.

(3) （ ア Have　イ Do　ウ Did　エ Will ）you finished the work?

(4) I've（ ア want　イ wanted　ウ wanting　エ to want ）that watch for a long time.

(5) She has stayed at the hotel（ ア for　イ since　ウ yet　エ ever ）three days.

(6) We've been busy（ ア from　イ after　ウ before　エ since ）last week.

ミス注意 (7) When（ ア have　イ did　ウ were　エ has ）you come to Japan?

(8) I haven't decided where to go（ ア ever　イ since　ウ yet　エ never ）.

(9) A: Do you know the boy in this photo?

B: Yes.　He's my classmate.（ ア I know　イ I'm knowing　ウ I've known　エ I'm known ）him for three years.

(10) A: Have you finished your homework yet?

B: Yes.　I（ ア have finished　イ was finished　ウ finished　エ am finished ）it yesterday.

ヒント (1) last year（去年）という過去を表す語句があることに注目。(7) When ~?（いつ~か）には現在完了形は使わない。

2 【現在完了形の疑問文と否定文】

次の英文を（　）内の指示にしたがって書きかえなさい。　〈2点×5〉

(1) It was rainy yesterday.　（「きのうからずっと雨です」という現在完了形の文に）

----

(2) I've played the piano.　（否定文に）

----

(3) She has read the book before.　（疑問文に）

----

(4) You have been in the library.　（下線部をたずねる疑問文に）

----

(5) They have been working for ten days.　（下線部をたずねる疑問文に）

ヒント (1) was の過去分詞は been。(4)(5) 疑問詞のあとは疑問文の形を続ける。(4)は場所を，(5)は期間をたずねる疑問文にかえる。

3 【現在完了形の文の完成】

次の日本文に合うように，____に適する語を入れなさい。 〈2点×10〉

(1) 私は３年間英語を勉強しています。

I _____ _____ English for three years.

(2) 彼は一度もテニスをしたことがありません。

He _____ _____ played tennis.

(3) 列車はすでに到着しています。

The train has _____ _____.

(4) 彼女はそのときからずっと怒っているのですか。

_____ she been angry _____ then?

(5) あなたは２時間以上ずっと待っているのですか。

Have you _____ _____ for more than two hours?

(6) はい，そうです。〈(5)の答え〉

Yes, _____ _____.

(7) 彼はもう部屋をそうじしましたか。

Has he _____ the room _____?

(8) いいえ，まだです。〈(7)の答え〉

_____, not _____.

(9) あなたは何回その山に登ったことがありますか。

_____ _____ _____ have you climbed the
└ climb(登る)の過去分詞
mountain?

(10) 何度もあります。〈(9)の答え〉

I've climbed it _____ _____.

4 【適する文の完成】

絵の内容に合うように，[   ]内の語を適切な形で使って各文を完成させなさい。 〈2点×4〉

(1)   (2)   (3)   (4)

[just, leave]   [finish, yet]   [be, since]   [read, before]

(1) The bus _____ _____ _____. I'll be late.

(2) He _____ _____ dinner _____. He is still
eating.

(3) We _____ _____ good friends _____ we were
children.

(4) I _____ _____ this book _____. I liked it.

【現在完了形の問答文】

✓よくでる 次の[　　]に適する英文を下から選び，記号を○でかこみなさい。　〈3点×3〉

(1) A: Have you finished writing the report?

B: [　　　　　　] I'm writing the last part now.

ア Yes, I have.　　　　　　イ Yes, I do.

ウ No, I don't.　　　　　　エ No, I haven't.

(2) A: Have you ever been abroad before?

B: [　　　　　　] I go to Hawaii every summer.

ア Yes, I did.　　　　　　イ Yes, I have.

ウ No, I didn't.　　　　　エ No, I haven't.

(3) A: [　　　　　　]

B: Yes, I have. I ate it two days ago. I liked it.

ア Have you ever tried *sashimi*?

イ Have you just eaten dinner?

ウ How do you like *natto*?

エ What have you wanted to eat?

6 【現在完了形の同意表現】

次の各組の英文がほぼ同じ意味になるように，＿＿に適する語を入れなさい。　〈2点×8〉

(1) { Mr. Brown started to live in Osaka two years ago. He still lives there.

Mr. Brown ＿＿＿＿＿＿＿＿ ＿＿＿＿＿＿＿＿ in Osaka for two years.

(2) { Ms. Kato became a music teacher in 2000, and she still works as a teacher.

Ms. Kato ＿＿＿＿＿＿＿＿ ＿＿＿＿＿＿＿＿ a music teacher since 2000.

(3) { I loved baseball when I was a girl and I still love it now.

I ＿＿＿＿＿＿＿＿ ＿＿＿＿＿＿＿＿ ＿＿＿＿＿＿＿＿ since I was a girl.

(4) { My parents went shopping, so they are not at home now.

My parents ＿＿＿＿＿＿＿＿ ＿＿＿＿＿＿＿＿ shopping.

(5) { This will be my first visit to Okinawa.

I've ＿＿＿＿＿＿＿＿ visited Okinawa before.

(6) { She went to America in 2010 and 2018, but she hasn't been there again.

She ＿＿＿＿＿＿＿＿ ＿＿＿＿＿＿＿＿ to America ＿＿＿＿＿＿＿＿ since 2010.

ハイレベル (7) { It's been a long time since I saw Tom last.

I ＿＿＿＿＿＿＿＿ ＿＿＿＿＿＿＿＿ Tom for a long time.

(8) { I began to walk this morning and I'm still walking.

＿＿＿＿＿＿＿＿ ＿＿＿＿＿＿＿＿ ＿＿＿＿＿＿＿＿ since this morning.

ヒント (1)～(3) 過去に始まった状態が今も続いているという内容の文。(4)「買い物に出かけてしまった（そして，今家にいない）」という文。(5)「初めての訪問」ということは，「今までに訪れたことがない」。(7)「最後にトムに会ってから長い期間になる」という内容。

7 【現在完了形の文の語順】

次の（　）内の語を並べかえて，意味の通る正しい英文にしなさい。　〈4点×3〉

(1) I（ interested, been, in, have, music ）for a long time.

I _____ for a long time.

(2) （ of, eaten, this, haven't, I, kind ）fish.

_____ fish.

(3) A: （ yet, the, started, movie, has ）?

B: No. It's going to start soon.

_____

ヒント (2)「私はこの種類の魚を食べたことがありません」という文にする。

8 【英作文】

次の日本文を英語になおしなさい。　〈5点×3〉

(1) エミはちょうど学校から帰宅したところです。

(2) 私は彼に長い間手紙を書いていません。

(3) あなたは京都に何回行ったことがありますか。

思考

入試レベル問題に挑戦

東京に観光に来ている外国人と，日本人の中学生が話しています。自然な会話になるように，①②に入る文を書きなさい。

① _____

② _____

総合力テスト ④

出題範囲：受動態[受け身]／動名詞・分詞／現在完了形

1 次の（　）内から適するものを選び，記号を書きなさい。　　　　　　　　　　　【3点×5】

(1) （ ア Does　イ Has　ウ Was　エ Did ） Tom's key found yesterday?
(2) I've never （ ア visited　イ been　ウ be　エ was ） to Hokkaido.
(3) We enjoyed （ ア watch　イ watched　ウ to watch　エ watching ） TV.
(4) Is this a computer （ ア made　イ make　ウ to make　エ making ） in China?
(5) Look at that （ ア run　イ runs　ウ ran　エ running ） girl.

(1)		(2)		(3)		(4)		(5)	

2 次の＿＿に（　）内の語を適する形にして入れなさい。　　　　　　　　　　　【3点×5】

(1) This pen was ＿＿＿＿ to me by my father.　（give）
(2) The boy finished ＿＿＿＿ and talked to me.　（read）
(3) Look at the plane ＿＿＿＿ over the mountains.　（fly）
(4) Have you ever ＿＿＿＿ *natto*?　（eat）　　↳「飛行機」
(5) The mountain ＿＿＿＿ from here is the most beautiful.　（see）

(1)		(2)		(3)	
(4)		(5)			

3 次の日本文に合うように，＿＿に適する語を書きなさい。　　　　　　　　　　　【4点×4】

(1) あなたの国では日本語は教えられていますか。
　　 ＿＿＿＿ Japanese ＿＿＿＿ in your country?
(2) 1週間ずっと雨が降っています。
　　 It ＿＿＿＿ ＿＿＿＿ raining for a week.
(3) 私の兄は音楽を聞くのが好きです。
　　 My brother is fond of ＿＿＿＿ ＿＿＿＿ music.
(4) これはトムが書いた手紙です。
　　 This is the letter ＿＿＿＿ ＿＿＿＿ Tom.

(1)		(2)	
(3)		(4)	

4 次の（　）内の語を並べかえて，意味の通る正しい英文にしなさい。 【5点×5】

(1) *A:* Who (the, talking, girl, is, with) Mr. Sato?
　　B: She is my friend Emi.

(2) *A:* (have, long, been, you, in, how) this city?
　　B: I've been here since last summer.

(3) *A:* Mr. Sato likes taking pictures, doesn't he?
　　B: Yes. I (him, some, taken, have, by, pictures, seen).

(4) *A:* You should (before, hands, lunch, your, wash, eating).
　　B: OK, mom.

(5) *A:* (by, you, called, what, are) your friends?
　　B: They call me Ken.

(1)	Who	Mr. Sato?
(2)		this city?
(3)	I	.
(4)	You should	.
(5)		your friends?

5 次の日本文を英語になおしなさい。 【6点×4】

(1) 川で泳いでいる少年は私の兄です。
(2) その先生は多くの生徒たちに愛されています。
(3) 私は夕食を食べるためにその手紙を書くのをやめました。
(4) 彼は長い間ずっとそのカメラをほしがっています。

(1)	
(2)	
(3)	
(4)	

6 次の（　）内の日本文を英語になおしなさい。 【5点】

A: Was this book interesting?
B: Well, I don't know. （まだ，読んでいないんです。）

関係代名詞

17

攻略のコツ　代名詞の働きと，2文を1文に結びつける接続詞の働きをかねる関係代名詞について学習します。

テストに出る! 重要ポイント

① 主格の関係代名詞

1 働きと文の形
- 関係代名詞は，すぐ前の名詞にうしろから説明を加えるときに使われ，
  └ = something などの代名詞になることもある
  2つの文を結びつける働きをする。
- 主格の関係代名詞は，名詞をうしろから修飾する部分で主語の働きをして，〈**関係代名詞＋動詞〜**〉の語順になる。

（2つの文）　I have a friend. + He lives in China.
　　　　　　　　　　　　　　関係代名詞┐└（主語）
（関係代名詞）I have a friend who lives in China.（私には中国に住んでいる友だちがいます。）
　　　　　　　　　「友だち」　　　「中国に住んでいる」
　　　　　　　　　　　　修飾

2 who, which
- 関係代名詞のすぐ前の名詞を先行詞といい，先行詞が人のときは関係代名詞は **who** を，先行詞が物のときは関係代名詞は **which** を使う。
  The girl who came here yesterday is Sarah.
  先行詞（人）
  （きのうここに来た女の子はサラです。）
  This is the book which made her famous.（これが彼女を有名にした本です。）
  先行詞（物）

3 that
- 関係代名詞 **that** は，who や which と同じ働きをし，先行詞が人でも物でも区別なく使える。
  The girl that came here yesterday is Sarah.（きのうここに来た女の子はサラです。）
  先行詞（人）　└ = who
  This is the book that made her famous.（これが彼女を有名にした本です。）
  先行詞（物）　└ = which

② 目的格の関係代名詞

1 働きと文の形
- 目的格の関係代名詞は，名詞をうしろから修飾する部分で目的語の働きをして，〈**関係代名詞＋主語＋動詞〜**〉の語順になる。

（2つの文）　This is the book. + She bought it.
　　　　　　　　　　　　関係代名詞┐　　　（目的語）
（関係代名詞）This is the book which she bought.（これが彼女が買った本です。）
　　　　　　　　　「本」　　　　　「彼女が買った」
　　　　　　　　　　　　修飾

2 which, that
- 先行詞が物なら関係代名詞は **which** または **that** を使う。関係代名詞 that は先行詞が物でも人でも使える。
  The book which[that] she bought is interesting.（彼女が買った本はおもしろい。）
  先行詞（物）
  The boy that I met there was very kind.（私がそこで会った男の子はとても親切でした。）
  先行詞（人）

3 省略
- 目的格の関係代名詞は省略できる。省略しても文の意味はかわらない。
  The book she bought is interesting.（彼女が買った本はおもしろい。）
  └ which[that] が省略されている

▶次の（　　）内から適するものを選びなさい。

☑① 私は水泳がじょうずな少年を知っています。

I know a boy （ ア who　イ which　ウ what ） swims well.

☑② これが彼を有名にした歌です。

This is the song （ ア who　イ which　ウ what ） made him famous.

☑③ 長い耳をしている犬はメアリーのです。

The dog that （ ア have　イ has　ウ had ） long ears is Mary's.

☑④ 彼が話した言葉はフランス語でした。

The language （ ア who　イ which　ウ what ） he spoke was French.

☑⑤ 彼女は私たちがよく知っている女の子です。

She is a girl （ ア what　イ which　ウ that ） we know well.

☑⑥ 公園で走っている少年たちをごらんなさい。

Look at the boys who （ ア is　イ was　ウ are ） running in the park.

☑⑦ 私が今までに見た中で，彼はいちばんよい選手の１人です。

He is one of the best players （ ア what　イ which　ウ that ） I've ever seen.

▶次の（　　）内から適するものを選び，ほぼ同じ内容の文にしなさい。

☑⑧ むこうを走っている少年はケンです。

The boy who is running over there is Ken.

The boy （ ア who　イ running　ウ run ） over there is Ken.

☑⑨ これは私の母によってとられた写真です。

This is a picture which was taken by my mother.

This is a picture （ ア taken　イ taking　ウ took ） by my mother.

▶次の英文で，下線部の関係代名詞を省略できるものには○を，省略できないものには×を（　　）に入れなさい。

☑⑩ 彼女はここに来た最初の生徒です。

She is the first student that came here.　　　　　（　　）

☑⑪ 私がきのう会った男の人は背が高かった。

The man that I saw yesterday was tall.　　　　　（　　）

☑⑫ これは私が長い間ほしいと思っている車です。

This is a car that I've wanted for a long time.　　（　　）

得点アップアドバイス

関係代名詞の使い分け

先行詞	主格	目的格
人	who that	that
物	which that	which that

関係代名詞のあとの動詞

・現在の文では，主格の関係代名詞のあとの動詞の形は，先行詞が単数か複数かで使い分ける。

the boys who are running
（走っている男の子たち）

the girl who has a dog
（犬を飼っている女の子）

特に that を使う場合

・次の場合には，ふつう who や which ではなく that を使う。

①先行詞が「人＋物」や「人＋動物」のとき

②序数（the first など）や最上級（the best など），強く限定する形容詞（the only など）が先行詞につくとき

③先行詞が everything, anything や all のとき

関係代名詞と分詞

・主格の関係代名詞のあとに，進行形や受け身が続くとき，〈関係代名詞＋be動詞〉を省略して，分詞の形容詞用法で表すことができる。

Look at the cat (which is) sleeping on the car.
（車の上で眠っているネコをごらんなさい。）

This is a car (which was) made in Japan.
（これは日本製の車です。）

得点
／100

1 【関係代名詞の使い分け】
次の（　　）内から適するものを選び，記号を○でかこみなさい。　〈1点×9〉

(1) I have a friend （ ア who　イ which　ウ what　エ whose ） lives in Okinawa.

(2) This is a cake （ ア who　イ which　ウ what　エ whose ） was made by Kumi.

(3) Is this the letter （ ア who　イ which　ウ what　エ whose ） Tom wrote?

(4) I know the boy （ ア who　イ whose　ウ which　エ where ） is standing at the door.

(5) We will do all （ ア who　イ which　ウ that　エ where ） we can do for you.
　　└「すべてのこと」(代名詞)

(6) I know the boy and dog （ ア whose　イ which　ウ what　エ that ） are playing there.

(7) This is the most exciting movie （ ア that　イ who　ウ which　エ what ） I've ever seen.

(8) These are Japanese toys that （ ア is　イ are　ウ do　エ can ） called *koma*.
　　└「おもちゃ」

ミス注意 (9) The boy who came here with my parents （ ア was　イ are　ウ be　エ were ） my brother Ken.

ヒント (5)「私たちは，あなたのためにできるすべてのことをするつもりです」という文。(7)「これは私が今までに見た中でいちばんわくわくする映画です」という文。

2 【適する文の完成】
[　　]内の英文を参考にして，絵の内容に合う英文を完成させなさい。　〈2点×4〉

(1)
[The restaurant opened last week.]

That is the restaurant _____

_____ .

(2)
[Emi runs the fastest in this class.]

The student _____

_____ is Emi.

(3)
[We met the tall boy yesterday.]

Do you remember the tall boy _____

_____ ?

(4)
[I bought the bag at that store.]

This is the bag _____

_____ .

3 【関係代名詞の文の和訳】

次の英文を日本語になおしなさい。　〈2点×5〉

(1) A doctor is a person who helps sick people in a hospital.

(　　　　　　　　　　　　　　　　　　　　　　　　　　　　　)

(2) The day which comes before Friday is Thursday.

(　　　　　　　　　　　　　　　　　　　　　　　　　　　　　)

(3) Summer is the season I like the best.

(　　　　　　　　　　　　　　　　　　　　　　　　　　　　　)

(4) The whale is the biggest animal that lives in the sea.
　　　 └「くじら」

(　　　　　　　　　　　　　　　　　　　　　　　　　　　　　)

(5) This is one of the songs that the children sang yesterday.

(　　　　　　　　　　　　　　　　　　　　　　　　　　　　　)

4 【同意表現への書きかえ】

✔よくでる　次の各組の英文がほぼ同じ意味になるように，＿＿＿に適する語を入れなさい。〈2点×10〉

(1)
{ I have an aunt living in Yokohama.
　　　　　　└「おば」
{ I have an aunt ＿＿＿＿＿＿＿＿＿ ＿＿＿＿＿＿＿＿＿ in Yokohama.

(2)
{ This is a bike which was made in China.
{ This is a bike ＿＿＿＿＿＿＿＿＿ in China.

(3)
{ The boy studying in that room is Koji.
{ The boy ＿＿＿＿＿＿＿＿＿ ＿＿＿＿＿＿＿＿＿ studying in that room is Koji.

(4)
{ Nancy is a girl with blue eyes.
{ Nancy is a girl who ＿＿＿＿＿＿＿＿＿ blue eyes.

(5)
{ This is a picture my mother took.
{ This is a picture ＿＿＿＿＿＿＿＿＿ was ＿＿＿＿＿＿＿＿＿ by my mother.

(6)
{ I bought the picture painted by Bob.
{ I bought the picture ＿＿＿＿＿＿＿＿＿ ＿＿＿＿＿＿＿＿＿ .

(7)
{ The boy was very tall. I saw him at the station.
{ The boy ＿＿＿＿＿＿＿＿＿ ＿＿＿＿＿＿＿＿＿ at the station was very tall.

ハイレベル (8)
{ This is a book which doesn't have any pictures.
{ This is a book ＿＿＿＿＿＿＿＿＿ any pictures.

ミス注意 (9)
{ I didn't know the man standing at the door.
{ I didn't know the man ＿＿＿＿＿＿＿＿＿ ＿＿＿＿＿＿＿＿＿ standing at the door.

ハイレベル (10)
{ I have never read such an interesting book.
{ This is the most interesting book ＿＿＿＿＿＿＿＿＿ ＿＿＿＿＿＿＿＿＿ ever
{ read.

ヒント　(8)「～がある」は with で表すので，「～がない」は？　(9)時制に注意。　(10)「私は今までにこんなおもしろい本を読んだことがない」を言いかえる。

【関係代名詞の文の完成】

次の日本文に合うように，＿＿＿＿に適する語を入れなさい。 〈2点×7〉

(1) これがその歌手を有名にした歌です。

This is the song ＿＿＿＿＿＿＿＿＿ ＿＿＿＿＿＿＿＿＿ the singer famous.

(2) あなたはトミーと呼ばれている少年を知っていますか。

Do you know a boy ＿＿＿＿＿＿＿＿＿ ＿＿＿＿＿＿＿＿＿ called Tommy?

(3) 私が先週あなたにあげた本は読みましたか。

Did you read the book ＿＿＿＿＿＿＿＿＿ ＿＿＿＿＿＿＿＿＿ you last week?

(4) あれが私の父が作ったいすです。

That's the chair ＿＿＿＿＿＿＿＿＿ ＿＿＿＿＿＿＿＿＿ made by my father.

(5) 日本中から来た子どもたちがたくさんいました。

There were a lot of children ＿＿＿＿＿＿＿＿＿ ＿＿＿＿＿＿＿＿＿ from all over Japan.

(6) 私がこの近くで見た犬はとても大きかったです。

The dog ＿＿＿＿＿＿＿＿＿ ＿＿＿＿＿＿＿＿＿ saw near here was very big.

(7) その図書館は読書好きの人たちにはとても役に立ちます。

The library is very useful for people ＿＿＿＿＿＿＿＿＿ ＿＿＿＿＿＿＿＿＿ reading.

【日本文に合う英文の完成】

次の日本文の意味を表す英文になるように，（　　）内の語(句)を並べかえなさい。 〈2点×6〉

(1) 私には泳ぐのがとてもじょうずな友だちがいる。

I have a (who, swim, friend, can) very well.

I have a ＿＿＿＿＿＿＿＿＿＿＿＿＿＿＿＿＿＿＿＿ very well.

(2) ミキはブラウン先生と話している女の子です。

Miki is (who, the girl, talking, is, with) Mr. Brown.

Miki is ＿＿＿＿＿＿＿＿＿＿＿＿＿＿＿＿＿＿＿＿ Mr. Brown.

(3) あなたがきのうとった写真を私たちに見せてくれませんか。

Will (you, you, us, the pictures, show, took) yesterday?

Will ＿＿＿＿＿＿＿＿＿＿＿＿＿＿＿＿＿＿＿＿ yesterday?

(4) 彼はお父さんが買ってくれた自転車を気に入っています。

He (the bike, him, likes, bought, his father).

He ＿＿＿＿＿＿＿＿＿＿＿＿＿＿＿＿＿＿＿＿．

(5) 私たちは命をもっているものすべてにやさしくすべきです。

We should be (kind, everything, has, life, to, that).

We should be ＿＿＿＿＿＿＿＿＿＿＿＿＿＿＿＿＿＿＿＿．

(6) あの車の上で眠っているネコは私のです。

(sleeping, that car, which, mine, is, is, on, the cat).

＿＿＿＿＿＿＿＿＿＿＿＿＿＿＿＿＿＿＿＿＿＿＿＿＿＿＿＿＿＿＿＿＿

7 【関係代名詞の文の語順】

✓よくでる 次の（　　）内の語を並べかえて，意味の通る正しい英文にしなさい。　〈3点×4〉

(1) *A:* What are you doing?

　　B: I'm（ I，the，eating，cookies，made ）yesterday.

　　I'm _____ yesterday.

(2) There are a lot（ in，of，we，visit，should，places，interesting ）our city.

　　There are a lot _____ our city.

(3) I'll（ you，you，buy，like，anything ）.

　　I'll _____ .

(4) The（ made，friends，in，I，Japan ）will be my treasure.
　　　　　　　　　　　　　　　└「宝物」

　　The _____ will be my treasure.

8 【英作文】

次の日本文を英語になおしなさい。　〈5点×3〉

(1) 私は大きなかばんを持った年寄りの男の人に会いました。

　　_____

(2) これは私たちが毎月そうじする公園です。

　　_____

(3) 京都はマイク（Mike）が訪れたがっている都市の1つです。

　　_____

思考

入試レベル問題に挑戦

下の英文は，ユキさんの日記です。右の「書きたいこと」に合うよう，空所に適切な英語を入れて日記を完成させなさい。

〈日記〉

> I have ①_____ at a fruit shop. Her name is Mary. Today I went to her shop. Many kinds of fruit were sold there. I bought ②_____ . I ate it after dinner, and it was really sweet.

〈ユキさんが書きたいこと〉

> ・友だちのメアリーが果物店で働いていて，今日その店に行ったこと。
>
> ・甘そうに見えたリンゴを1つ買い，食べたら本当に甘かったこと。

① _____

② _____

18 付加疑問・間接疑問

攻略のコツ 「〜ですね」の意味の付加疑問と，疑問文が動詞の目的語になる間接疑問について学習します。

テストに出る！ 重要ポイント

1 付加疑問

1 意味と形

- 付加疑問はふつうの文のあとに 2 語の疑問形をつけた形で，「〜ですね」のように，軽く確認したり同意を求めたりするときに使う。
- 付加疑問は，現在の be 動詞の肯定文なら〈isn't[aren't]＋主語 ?〉の
  └ 過去なら wasn't[weren't] ┘
  形に，一般動詞の肯定文なら〈don't[doesn't]＋主語 ?〉の形にする。
  └ 過去なら didn't ┘

  （be 動詞の肯定文）　Kate is busy, **isn't** **she** ?　　　（ケイトは忙しいですね。）
  └─ 否定形に ─┘ 代名詞に

  （一般動詞の肯定文）　Tom plays tennis, **doesn't** **he** ?　（トムはテニスをしますね。）
  └── does の否定形に ──┘ 代名詞に

2 否定文の付加疑問

- 前の文が否定文のときは，付加疑問は肯定形にする。この文に答えるときには，Yes / No の使い方が日本語のはい／いいえと逆になる。

  You <u>aren't</u> busy now, <u>are</u> you?　（あなたは今，忙しくありませんね。）
  └── 肯定形に ↑

  — <u>Yes</u>, I am. （<u>いいえ</u>，忙しいです。）／ <u>No</u>, I am not. （<u>はい</u>，忙しくありません。）

2 間接疑問

1 間接疑問の語順

- What などで始まる疑問文が別の文の中に入った形を間接疑問といい，
  └ I know 〜. など
  疑問詞のあとはふつうの文と同じ〈主語＋動詞 〜〉の語順になる。

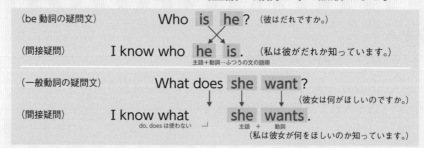

  （be 動詞の疑問文）　　　Who **is** **he** ?　（彼はだれですか。）

  （間接疑問）　I know who **he** **is** .　（私は彼がだれか知っています。）
  主語＋動詞…ふつうの文の語順

  （一般動詞の疑問文）　　What does **she** **want** ?
  （彼女は何がほしいのですか。）

  （間接疑問）　I know what **she** **wants** .
  do, does は使わない 主語 ＋ 動詞
  （私は彼女が何をほしいのか知っています。）

2 疑問詞が主語のとき

- 疑問詞が主語になっている疑問文の場合は，間接疑問になっても語順はかわらない。

  （疑問詞が主語の文）　**Who** **went** there?　（だれがそこに行きましたか。）

  （間接疑問）　I know **who** **went** there.　（私はだれがそこに行ったのか知っています。）
  主語 ＋ 動詞

3 過去の文

- 文全体の動詞が過去形のときには，疑問詞のあとの動詞もそれに合わせて過去形にする。（時制の一致）

  He <u>knew</u> what I <u>wanted</u>.　（彼は私が何をほしがっているのか知っていました。）
  過去形 → 過去形に

▶ 次の（　　）内から適するものを選びなさい。

☑ ①　あなたはマイクですね。

　　You are Mike, (ア are　イ aren't　ウ don't) you?

☑ ②　加藤先生は忙しいですね。

　　Ms. Kato is busy, isn't (ア she　イ her　ウ Ms. Kato)?

☑ ③　彼らは泳ぎましたね。

　　They swam, (ア don't　イ did　ウ didn't) they?

☑ ④　あなたは走っていましたね。—はい，走っていました。

　　You were running, (ア were　イ weren't　ウ did) you?

　　—(エ Yes　オ No), I was.
　　　　　　　　　　└ 肯定の答え

☑ ⑤　彼はネコが好きではないですね。—はい，好きではありません。

　　He doesn't like cats, (ア doesn't　イ does　ウ is) he?

　　—(エ Yes　オ No), he doesn't.
　　　　　　　　　　└ 否定の答え

☑ ⑥　あなたは自転車に乗れますね。

　　You can ride a bike, (ア don't　イ can　ウ can't) you?
　　　　└ can の否定形は can't

▶ 次の疑問文を I know などに続けるとき，適するものを選びなさい。

☑ ⑦　Where is she from?　（彼女はどこの出身ですか。）

　　→I know where (ア is she　イ she is) from.

☑ ⑧　What do you want?　（あなたは何がほしいですか。）

　　→I don't know what (ア you　イ do you　ウ you do) want.

☑ ⑨　When did she come here?　（彼女はいつここに来ましたか。）

　　→Do you know when (ア she came　イ did she come) here?

☑ ⑩　Why will he go there?　（なぜ彼はそこへ行くつもりなのですか。）

　　→Tell me why (ア he will　イ will he　ウ he) go there.
　　　└「私に言ってください」

☑ ⑪　Who runs fast?　（だれが速く走りますか。）
　　　└ 疑問詞が主語

　　→He knows (ア who run　イ who runs　ウ runs who) fast.

☑ ⑫　What time do you get up?　（あなたは何時に起きますか。）

　　→Tell me what (ア you time　イ time do you　ウ time you) get up.

☑ ⑬　What does she have?　（彼女は何を持っていますか。）

　　→I knew what (ア she has　イ she have　ウ she had).
　　　└ know の過去形

☑ ⑭　How many people live there?　（そこに何人の人が住んでいますか。）
　　　　　　　　└ 主語

　　→I didn't know (ア how many people lived　イ how many people
　　　└ 過去形
　　live　ウ how many live people) there.

得点アップアドバイス

付加疑問の主語

・前の文の主語が人名や this, that などのときは，人称代名詞にかえる。

前の文の主語	付加疑問の主語
Tom	he
Mary	she
Tom and Mary	they
this, that	it
these, those	they

いろいろな文の付加疑問

助動詞の文
He can play ～, can't he?
He will play ～, won't he?

進行形の文
He is playing ～, isn't he?

現在完了形の文
He has played ～, hasn't he?

受け身の文
He is helped ～, isn't he?

命令文
Help ～, will you?

Let's ～. の文
Let's play ～, shall we?

間接疑問と〈疑問詞＋to ～〉との書きかえ

・should は「～すべきである」という意味を表すので，〈疑問詞＋to ～〉の形を使った文に書きかえられる。

・I know what I should do.

→I know what to do.

　（私は何をすべきか知っています。）

SVOO の文と間接疑問

・間接疑問が SVOO の文の 2 つ目の O になる場合もある。

　I told him what I wanted.

　（私は彼に，私が何をほしいのかを言いました。）

1 【付加疑問の形】
次の(　)内から適するものを選び, 記号を○でかこみなさい。　〈2点×6〉

(1) You study hard, (ア don't　イ do　ウ doesn't　エ are) you?

(2) Ken can speak English well, (ア can　イ can't　ウ doesn't　エ do) he?

(3) He doesn't eat breakfast, (ア isn't　イ doesn't　ウ is　エ does) he?

(4) That's your bag, (ア isn't that　イ is that　ウ isn't it　エ is it)?

(5) Let's walk in the park, (ア do we　イ are we　ウ don't we　エ shall we)?

ミス注意 (6) The boy read these books, (ア didn't　イ did　ウ doesn't　エ does) he?

2 【間接疑問の文の語順】
次の英文をそれぞれ書き出しの文に続けて, 間接疑問の文にしなさい。　〈3点×5〉

(1) Who is that boy?

→ I don't know _____.

(2) What time will she come?

→ He wants to know _____.

(3) What's on the table?

→ I wonder _____.
　　　└「～かしらと思う」

(4) Where did they go last summer?

→ Do you remember _____?

(5) What does she want?

→ We didn't know _____.

3 【付加疑問・間接疑問の文の形】
次の日本文に合うように, ____ に適する語を入れなさい。　〈3点×5〉

(1) 富士山は最も美しい山ですよね。

Mt. Fuji is the most beautiful mountain, _____?

(2) トムとケンはきのうここに来ませんでしたね。

Tom and Ken didn't come here yesterday, _____ _____?

(3) あなたは彼がどこに住んでいるか知っていますか。

Do you know _____?

(4) あなたがそのチケットをどのようにして手に入れたのか私に教えてください。

Please tell me _____ _____ the ticket.

(5) 彼女はだれがその部屋にいるのか知りませんでした。

She didn't know _____ in the room.

4 【対話に合う英文】

次の[　　]に適する英文を下から選び，記号を○でかこみなさい。　〈4点×2〉

(1) *A:* Do you know whose bike this is?

　B: [　　　　　] It's Yumi's.

　　ア　Yes, it is.　　イ　No, it isn't.　　ウ　Yes, I do.　　エ　No, I don't.

ハイレベル (2) *A:* You won't call her, will you?

　B: [　　　　　]

　　ア　Yes, I won't.　　　　　イ　Yes, you will.

　　ウ　No, I will.　　　　　　エ　No, I won't.

5 【付加疑問・間接疑問の文の語順】

✓よくでる 次の(　　)内の語(句)を並べかえて，意味の通る正しい英文にしなさい。〈4点×5〉

(1) Do (she, from, you, where, know, is)?

　Do ＿＿＿＿＿＿＿＿＿＿＿＿＿＿＿＿＿＿＿＿＿＿＿＿＿＿＿＿ ?

(2) (is, do, it, know, time, what, you) now?

　＿＿＿＿＿＿＿＿＿＿＿＿＿＿＿＿＿＿＿＿＿＿＿＿＿＿＿ now?

(3) Could you tell (which, should, me, I, bus, take)?

　Could you tell ＿＿＿＿＿＿＿＿＿＿＿＿＿＿＿＿＿＿＿＿＿＿ ?

(4) It's important (isn't, a lot of, to, it, books, read)? 〈コンマ(,)を補う〉

　It's important ＿＿＿＿＿＿＿＿＿＿＿＿＿＿＿＿＿＿＿＿＿＿ ?

ハイレベル (5) Where (is, do, think, Tom, you)?

　Where ＿＿＿＿＿＿＿＿＿＿＿＿＿＿＿＿＿＿＿＿＿＿＿＿＿＿ ?

6 【英作文】

次の日本文を英語になおしなさい。　〈6点×5〉

(1) いい天気ですね。(付加疑問を使って)

＿＿＿＿＿＿＿＿＿＿＿＿＿＿＿＿＿＿＿＿＿＿＿＿＿＿＿＿＿＿＿

(2) あなたは京都へ行ったことがありますね。(付加疑問を使って)

＿＿＿＿＿＿＿＿＿＿＿＿＿＿＿＿＿＿＿＿＿＿＿＿＿＿＿＿＿＿＿

(3) あなたは図書館がどこにあるか知っていますか。

＿＿＿＿＿＿＿＿＿＿＿＿＿＿＿＿＿＿＿＿＿＿＿＿＿＿＿＿＿＿＿

(4) 私は彼女が何になりたいのか知りません。

＿＿＿＿＿＿＿＿＿＿＿＿＿＿＿＿＿＿＿＿＿＿＿＿＿＿＿＿＿＿＿

ハイレベル (5) 次のバスが何時に出発するか教えてください。

＿＿＿＿＿＿＿＿＿＿＿＿＿＿＿＿＿＿＿＿＿＿＿＿＿＿＿＿＿＿＿

19 接続詞・仮定法

攻略のコツ 語句と語句などをつなぐ接続詞と，現実とは違うことを表す仮定法の文について学習します。

テストに出る！ 重要ポイント

❶ 接続詞 and，but，or，so

1 意味

and	～と…，～そして…	but	～しかし…，～だが…
or	～か…，～それとも…	so	～だから…

2 命令文，and[or] …
- 〈命令文，and ….〉で「～しなさい，そうすれば…」の意味。〈命令文，or ….〉だと「～しなさい，さもないと…」という意味になる。
- Hurry up, or you'll miss the bus. （急ぎなさい，さもないとバスに乗り遅れますよ。）

❷ that，when，if，because など

1 that
- 「～ということ」の意味で，動詞の目的語などになる。しばしば省略される。

  （接続詞 that） I think that he likes baseball .
  目的語 ——「彼は野球が好きだ」 （私は彼は野球が好きだと思います。）

- 文全体の動詞が過去形のときには，that 以下の動詞もそれに合わせて過去形にする。（時制の一致）

  I thought that it was wrong. （私はそれは間違っていると思いました。）
  過去形 ——→ 過去形に

2 when
- 「～のとき」の意味で，文の前半にも後半にもくる。

  （文の前半にくる場合） When I got there , it was raining.
  「私がそこに着いたとき」 └ ふつうコンマが必要
  （私がそこに着いたとき，雨が降っていました。）

  （文の後半にくる場合） It was raining when I got there .
  └ コンマは不要

3 その他の接続詞 ・ if（もし～ならば），because（～なので），though（～だけれども）

❸ 仮定法の文

1 if を使う仮定法の文
- 現実とは違う仮定は，〈If＋主語＋動詞の過去形～，主語＋would[could]＋動詞の原形….〉「もし～なら…だろうに」で表す。これを仮定法過去という。if のあとに be 動詞がくる場合，主語が何であっても were が使われることが多い。

  （仮定法の文） If I were a bird, I would fly to you.
  └ be 動詞は were └ would ＋動詞の原形
  （私が鳥なら，あなたのところへ飛んでいくだろうに。）

2 wish を使う仮定法の文
- 〈I wish＋主語＋動詞[助動詞]の過去形～.〉で「～であればいいのに」という実現できない願望を表す。

  I wish I were a bird. （私が鳥であればいいのに。）

▶次の（　　）内から適するものを選びなさい。

☑ ① これはあなたのえんぴつですか，それともあなたの弟のですか。

Is this your pencil（ ア and　イ but　ウ or ）your brother's?

☑ ② 私はネコが好きなのですが，母はネコが好きではありません。

I like cats,（ ア and　イ but　ウ so ）my mother doesn't.

☑ ③ 急ぎなさい，そうすればバスに間に合います。

Hurry up,（ ア and　イ but　ウ or ）you will catch the bus.

▶次の that と同じ用法のものを下から選びなさい。

☑ ④ Do you think <u>that</u> he can play the piano?

ア I'm glad <u>that</u> you are here.

イ Do you know <u>that</u> boy over there?

ウ I know the song <u>that</u> he loves very much.

▶次の（　　）内から適するものを選びなさい。

☑ ⑤ 母が忙しいとき，私は手伝います。

（ ア When　イ After　ウ Before ）my mother is busy, I help her.

☑ ⑥ 彼は暗くなるまでテニスをしました。

He played tennis（ ア before　イ until　ウ since ）it got dark.

☑ ⑦ 急がないと遅刻しますよ。

（ ア Or　イ While　ウ If ）you don't hurry, you'll be late.

☑ ⑧ 彼はメアリーが正しいと思いました。

He thought Mary（ ア was　イ is　ウ will be ）right.

☑ ⑨ もし明日晴れれば，私たちは出かけます。

We will go out if it（ ア is　イ was　ウ will be ）sunny tomorrow.

☑ ⑩ 彼は金持ちではありませんが，とても幸せです。

（ ア If　イ Because　ウ Though ）he isn't rich, he's very happy.
└「金持ちの」

☑ ⑪ 私はとても忙しいので，そのパーティーに行けません。

I'm（ ア very　イ so　ウ much ）busy that I can't go to the party.

☑ ⑫ お金があれば，それを買うのですが。

If I had money, I（ ア will　イ would　ウ can ）buy it.

☑ ⑬ もしあなたが私なら，どうしますか。

What would you do if you（ ア are　イ be　ウ were ）me?

☑ ⑭ 彼が私のお兄さんであればいいのに。

I wish he（ ア is　イ are　ウ were ）my brother.

19 接続詞・仮定法

得点アップアドバイス

that の用法

・know[believe] that ～
（～と知っている［信じる］）

・tell＋O＋that ～
（O に～と言う）

・be glad[sorry] that ～
（～でうれしい［残念だ］）

・It is said that ～.
（～と言われている）

時を表すいろいろな接続詞

接続詞	意味
while	～する間に
before	～する前に
after	～したあとで
until	～するまで
since	～して以来

when ～や if ～の中の動詞

・when ～や if ～の中の動詞は，未来のことも現在形で表す。

If it <u>rains</u> tomorrow, I'll be at home.
（もし明日雨なら，私は家にいます。）

連語の接続詞

・so ～ that …
（とても～なので…）

・as soon as ～
（～するとすぐに）

・as ～ as － can
（できるだけ～）

・both ～ and …
（～も…も両方とも）

・either ～ or …
（～か…のどちらか）

・not ～ but …
（～ではなく…）

・not only ～ but (also) …
（～だけでなく…も）

実力完成問題

解答 別冊p.28

得点 /100

---

1 【接続詞の用法】

✓よくでる 次の（　　）内から適するものを選び，記号を○でかこみなさい。　　〈1点×10〉

(1) Either Ann（ ア and　イ or　ウ but　エ so ）I must go there.

(2) He studies hard（ ア but　イ before　ウ that　エ because ）he wants to be a teacher.

(3) I didn't eat fish before,（ ア but　イ since　ウ so　エ when ）now I like it.

(4) You should not eat（ ア or　イ why　ウ while　エ that ）you are studying.

(5) She was very sleepy,（ ア but　イ so　ウ that　エ though ）she went to bed.

(6) I lived in China（ ア when　イ that　ウ if　エ after ）I was a little boy.

(7) Why don't we go shopping（ ア and　イ that　ウ if　エ or ）you have time?

(8) I can speak not only English（ ア and　イ though　ウ but　エ or ）also French.

(9) I wouldn't go there if I（ ア am　イ were　ウ will be　エ would be ）you.

(10) Let's ask him about it when he（ ア comes　イ came　ウ will come　エ would come ）home.

ヒント (4)「勉強をしながら［している間］」とする。(8)「英語だけでなくフランス語も」。(10) when ～の中では未来のことも現在形で表す。

---

2 【日本文に合う英文の完成】

次の日本文に合うように，＿＿＿に適する語を下から選んで入れなさい。　　〈1点×6〉

(1) 私はたいてい昼食にパンかスパゲッティを食べます。

I usually eat bread ＿＿＿＿＿＿＿＿ spaghetti for lunch.

(2) 公園へ行って散歩をしましょう。

Let's go to the park ＿＿＿＿＿＿＿＿ take a walk.

(3) 私たちは子どものころからずっと友だちです。

We have been friends ＿＿＿＿＿＿＿＿ we were children.

(4) ピアノがじょうずにひければいいのになあ。

I ＿＿＿＿＿＿＿＿ I could play the piano well.

(5) 彼に，私は行けないと言ってくれますか。

Will you tell him ＿＿＿＿＿＿＿＿ I can't go?

(6) 私は一生懸命やってみたけれども，できませんでした。

I couldn't do it ＿＿＿＿＿＿＿＿ I tried hard.

wish	or	though	that	since	and

3 【日本文に合う接続詞】

次の日本文に合うように，＿＿＿に適する語を入れなさい。　　　　　　〈2点×7〉

(1) 私は数学も英語も両方とも好きです。

I like ＿＿＿＿＿＿＿ math ＿＿＿＿＿＿＿ English.

(2) 学校が終わったらすぐに家へ帰るつもりです。

I'll go home ＿＿＿＿＿＿＿ ＿＿＿＿＿＿＿ as school is over.

(3) 私は彼らは刺身を食べないと思います。

I ＿＿＿＿＿＿＿ think ＿＿＿＿＿＿＿ they eat *sashimi*.

(4) 勇太はとても親切なので，みんなは彼のことが好きです。

Yuta is ＿＿＿＿＿＿＿ kind ＿＿＿＿＿＿＿ everyone likes him.

(5) 私はできるだけ早く起きるつもりです。

I will get up ＿＿＿＿＿＿＿ early ＿＿＿＿＿＿＿ I can.

(6) 彼女がもどってくるまで待ちましょう。

Let's wait ＿＿＿＿＿＿＿ she ＿＿＿＿＿＿＿ back.

(7) 暗くならないうちに家に帰ってきなさいね。

Come home ＿＿＿＿＿＿＿ it ＿＿＿＿＿＿＿ dark.

ヒント　(7)「暗くならないうちに」は「暗くなる前に」と考える。

4 【適する文の完成】

絵の内容に合うように，＿＿＿に適する語を入れなさい。　　　　　　〈2点×4〉

(1)

He is not a pianist ＿＿＿＿＿＿＿ a singer.

(2)

I can't move this bag ＿＿＿＿＿＿＿ it is too heavy.

(3)

We would go out ＿＿＿＿＿＿＿ it were sunny now.

(4)

Say "Itadakimasu" ＿＿＿＿＿＿＿ you eat.

【同意表現への書きかえ】

次の各組の英文がほぼ同じ意味になるように，＿＿＿に適する語を入れなさい。　〈2点×7〉

(1) {
After it stopped raining, Sayaka went out.
It stopped raining ＿＿＿＿＿＿＿＿ Sayaka went out.
}

(2) {
Taro was too tired to run fast.
Taro was ＿＿＿＿＿＿＿ tired ＿＿＿＿＿＿＿ he couldn't run fast.
}

(3) {
Bob came to Japan at the age of ten.
Bob came to Japan ＿＿＿＿＿＿＿ he ＿＿＿＿＿＿＿ ten years old.
}

ミス注意 (4) {
If you hurry up, you will catch the bus.
＿＿＿＿＿＿＿＿＿＿＿＿＿, ＿＿＿＿＿＿＿＿ you will miss the bus.
}

ハイレベル (5) {
I'm sure of your success.
I'm sure that ＿＿＿＿＿＿＿ ＿＿＿＿＿＿＿ ＿＿＿＿＿＿＿.
「成功」
}

(6) {
She was very tired, but she didn't stop walking.
＿＿＿＿＿＿＿ she was very tired, she didn't stop walking.
}

ハイレベル (7) {
I don't have time, so I can't help you.
＿＿＿＿＿＿＿ I ＿＿＿＿＿＿＿ time, I could help you.
}

ヒント (4)後半部の動詞の違いに注意。(5)「私はあなたの成功を確信しています」を「あなたは成功するだろうと私は確信しています」と書きかえる。

6 **【日本文に合う英文の完成】**

次の日本文の意味を表す英文になるように，（　　）内の語(句)を並べかえなさい。〈4点×5〉

(1) 私は，彼女が明日，学校に来ると信じています。

I (that, come, she, will, believe) to school tomorrow.

I ＿＿＿＿＿＿＿＿＿＿＿＿＿＿＿＿ to school tomorrow.

(2) もし明日雨なら，私は家で本を読みます。

I'll (if, some books, rains, read, it, at home) tomorrow.

I'll ＿＿＿＿＿＿＿＿＿＿＿＿＿＿＿＿ tomorrow.

(3) 私はその年をとった女の人を手伝うことができたことがとてもうれしいです。

I'm very (that, could, the old, glad, I, woman, help).

I'm very ＿＿＿＿＿＿＿＿＿＿＿＿＿＿＿＿.

(4) 彼女は東京に着いたらすぐ私に電話をかけました。

She called (in, as, arrived, as, she, me, soon) Tokyo.

She called ＿＿＿＿＿＿＿＿＿＿＿＿＿＿ Tokyo.

(5) その男の人はとてもお金持ちだったと言われています。

It (the man, said, is, was, that) very rich.

It ＿＿＿＿＿＿＿＿＿＿＿＿＿＿＿＿ very rich.

7 【問答文の完成】

( )内の語(句)を並べかえて問答文を完成させなさい。 〈4点×4〉

(1) A: Will you eat dinner first?

　　B: No, I'll (a bath, I, it, take, after, eat).

　　No, I'll ＿＿＿＿＿＿＿＿＿＿＿＿＿＿＿＿＿＿＿＿.

(2) A: Why do you study English so hard?

　　B: Because my father often (me, very important, tells, it, that, is).

　　Because my father often ＿＿＿＿＿＿＿＿＿＿＿＿＿＿.

(3) A: It's very hot in this room.

　　B: Open (you, feel, and, the window, cooler, will). 〈コンマ(,)を補う。〉

　　Open ＿＿＿＿＿＿＿＿＿＿＿＿＿＿＿＿＿＿＿＿.

(4) A: Why don't you visit him?

　　B: I don't know where he lives. (I, I, his address, wish, knew)!

　　＿＿＿＿＿＿＿＿＿＿＿＿＿＿＿＿＿＿＿＿＿＿!

8 【英作文】

次の日本文を英語になおしなさい。 〈4点×3〉

(1) 彼女はトム（Tom）が病気だということを知りませんでした。

　　--

(2) 彼が駅に着いたとき，雪が降っていました。

　　--

(3) もし音楽に興味があるのなら，私はあなたにこの本をあげますよ。

　　--

入試レベル問題に挑戦

下の英文は，サキさんが友だちのヘレンさんに送ったメールの一部です。文の流れに合うよう，空所に適切な語を入れて，メール文を完成させなさい。

Next Sunday is Jane's birthday and I want to give her a present.

I'm going to give her ① ＿＿＿＿＿＿＿＿ a handkerchief ② ＿＿＿＿＿＿＿＿ some flowers, but I can't decide which is better for her.

I ask for your advice ③ ＿＿＿＿＿＿＿＿ you know her very well. ④ ＿＿＿＿＿＿＿＿ you ⑤ ＿＿＿＿＿＿＿＿ Jane, which would you want?

Please give me an answer as soon ⑥ ＿＿＿＿＿＿＿＿ you ⑦ ＿＿＿＿＿＿＿＿.

---

① ＿＿＿＿＿　② ＿＿＿＿＿　③ ＿＿＿＿＿　④ ＿＿＿＿＿

⑤ ＿＿＿＿＿　⑥ ＿＿＿＿＿　⑦ ＿＿＿＿＿

20 前置詞

攻略のコツ　名詞や代名詞などの前にきて，「時」「場所・方向」などを表す前置詞について学習します。

テストに出る！ 重要ポイント

1 前置詞の用法と意味

1 時を表す前置詞

- **at** …時刻，時の一点　　**at** ten （10時に），**at** noon （正午に）
- **on** …曜日，日付　　　　**on** Sunday （日曜日に），**on** May 3 （5月3日に）
- **in** …週，月，季節，年　**in** July （7月に），**in** winter （冬に）

after	…	after school （放課後） └「～のあとに」	for └「～の間」	… for a week （1週間）
before	…	before dinner （夕食前に） └「～の前に」	during └「～の間中」	… during the war （戦争中）
by	…	by five （5時までに） └「～までに」	from └「～から」	… from 8 to 5 （8時から5時まで）
until	…	until five （5時まで〈ずっと〉） └「～まで〈ずっと〉」	since └「～以来」	… since 2010 （2010年以来）

2 場所・方向を表す前置詞

- **at** …地点　　at the station （駅で），at home （家で）
- **in** …範囲　　in Japan （日本で），in the world （世界で），
　　　　　　　in the box （箱の中に）
- **on** …接触　　on the desk （机の上に），on the wall （壁に）

over	～の（真）上に	between	（2つ）の間に	from	～から
under	～の下に	among	（3つ以上）の間に	to	～へ，～まで
near	～の近くに	into	～の中へ	along	～にそって
by	～のそばに	out of	～から（外へ）	across	～を横切って

3 その他の前置詞

by	by bus （バスで），by him （彼によって）	**of**	the name of the bird（鳥の名前）
in	in English （英語で）	**as**	as a teacher （教師として）
with	with me（私と），with a pen （ペンで）	**without**	without water （水なしで）
about	about it （それについて）	**like**	like this （このような[に]）
for	for her （彼女のために，彼女にとって）	**on**	on TV （テレビで）

2 前置詞を含む連語

1 動詞＋前置詞

look at ～	～を見る	get to ～	～に着く
listen to ～	～を聞く	wait for ～	～を待つ
talk about ～	～について話す	look for ～	～をさがす

2 be動詞＋形容詞＋前置詞

be good at ～	～が得意である	be late for ～	～に遅れる
be kind to ～	～に親切である	be afraid of ～	～をこわがる

3 前置詞＋名詞

for example	たとえば	of course	もちろん
by the way	ところで	in time	間に合って

▶次の（　　）内から適するものを選びなさい。

① トムは私たちといっしょに学校へ行きます。

Tom goes （ ア to　イ by　ウ on ） school （ エ in　オ with　カ for ） （ キ we　ク our　ケ us ）.

② 私は毎日6時に起きます。

I get up （ ア in　イ at　ウ on ） six every day.

③ サラは先月日本に来ました。

Sarah came to Japan （ ア in last　イ on last　ウ last ） month.

④ 明日までにこの仕事を終えなさい。

Finish this work （ ア by　イ until　ウ from ） tomorrow.

⑤ 壁に世界地図があります。

There is a world map （ ア at　イ on　ウ with ） the wall.

⑥ ユミはトムとケンの間にいます。

Yumi is （ ア during　イ among　ウ between ） Tom and Ken.

⑦ この手紙は英語で書かれています。

This letter is written （ ア by　イ in　ウ of ） English.

⑧ 彼は父親に似ています。

He is （ ア like　イ on　ウ as ） his father.

⑨ 彼は何も言わずに出ていきました。

He went out （ ア without　イ with　ウ about ） saying anything.

⑩ 昼食後にテニスをしましょう。

Let's play tennis （ ア during　イ before　ウ after ） lunch.

▶次の日本文に合うように，＿＿に適する語を入れなさい。

⑪ あの鳥をごらんなさい。

Look ＿＿＿＿＿＿＿ that bird.

⑫ 私たちは伊東先生をさがしています。

We're looking ＿＿＿＿＿＿＿ Mr. Ito.

⑬ 彼はきのう学校に遅れました。

He was late ＿＿＿＿＿＿＿ school yesterday.

⑭ その箱はりんごでいっぱいです。

The box is full ＿＿＿＿＿＿＿ apples.

⑮ 彼女はおばあさんの世話をします。

She takes care ＿＿＿＿＿＿＿ her grandmother.

1 【前置詞の用法】
次の（　　）内から適するものを選び，記号を○で囲みなさい。　　〈2点×10〉

(1) A cat is sleeping（ ア on　イ of　ウ to　エ for ）the piano.

(2) Thank you（ ア to　イ in　ウ of　エ for ）inviting me to the party.

(3) Is Mr. Brown（ ア within　イ like　ウ from　エ between ）France?

(4) You must finish your homework（ ア by　イ in　ウ until　エ among ）noon
└「正午」
today.

(5) I'm going to stay in Tokyo（ ア by　イ during　ウ on　エ until ）next Monday.

(6) She went to Hokkaido（ ア when　イ during　ウ as　エ since ）the summer
vacation.

(7) The child is afraid（ ア at　イ of　ウ for　エ by ）dogs.

(8) We can't live（ ア without　イ to　ウ about　エ for ）water.

(9) I gave Jim a T-shirt（ ア in　イ by　ウ as　エ to ）a birthday present.
└「Tシャツ」

(10) Tuesday comes（ ア under　イ before　ウ after　エ until ）Monday.

2 【前置詞の意味】
よくでる 次の日本文に合うように，＿＿に適する語を入れなさい。　　〈4点×8〉

(1) 彼は8月20日生まれです。
He was born ＿＿＿＿＿＿＿ August 20.

(2) あなたは朝食に何を食べますか。
What do you eat ＿＿＿＿＿＿＿ breakfast?

(3) 私たちは正午に駅に着くでしょう。
We will get ＿＿＿＿＿＿＿ the station ＿＿＿＿＿＿＿ noon.

(4) 彼らは月曜日から金曜日まで働きます。
They work ＿＿＿＿＿＿＿ Monday ＿＿＿＿＿＿＿ Friday.

(5) 彼女は木の下で友だちと話していました。
She was talking ＿＿＿＿＿＿＿ her friend ＿＿＿＿＿＿＿ the tree.

(6) ユカが教室から出てきました。
Yuka came ＿＿＿＿＿＿＿ ＿＿＿＿＿＿＿ the classroom.

(7) その赤ちゃんは彼女に世話をされます。
The baby is taken care ＿＿＿＿＿＿＿ ＿＿＿＿＿＿＿ her.

(8) ある老人が私に英語で話しかけてきました。
An old man spoke ＿＿＿＿＿＿＿ me ＿＿＿＿＿＿＿ English.

ヒント (6)「～から(外へ)」を2語で表す。(7) take care of ～ （～の世話をする）の受け身の文。

3　【同意表現への書きかえ】
次の各組の英文がほぼ同じ意味になるように，＿＿＿に適する語を入れなさい。　〈3点×7〉

(1) {
Yuta can swim very well.
Yuta is very good ＿＿＿＿＿＿＿＿ ＿＿＿＿＿＿＿.
}

(2) {
Miyuki walks to school every day.
Miyuki goes to school ＿＿＿＿＿＿＿ foot every day.
}

(3) {
I like playing the guitar.
I'm fond ＿＿＿＿＿＿＿＿ ＿＿＿＿＿＿＿＿＿ the guitar.
}

(4) {
I didn't arrive at school in time.
I was ＿＿＿＿＿＿＿＿ ＿＿＿＿＿＿＿＿ school.
}

(5) {
The girl who has long hair is Kate.
The girl ＿＿＿＿＿＿＿＿ long hair is Kate.
}

(6) {
I don't agree with your plan.
I'm ＿＿＿＿＿＿＿＿ your plan.
}

(7) {
He left home but he didn't say goodbye to me.
He left home ＿＿＿＿＿＿＿＿ ＿＿＿＿＿＿＿＿ goodbye to me.
}

ヒント (1)「じょうずに〜できる」＝「〜するのが得意だ」と考える。(6)「賛成しない」＝「反対だ」。

4　【日本文に合う英文の完成】
次の日本文の意味を表す英文になるように，（　　）内の語を並べかえなさい。　〈5点×3〉

(1) 明日，図書館の前で会いましょう。
（ meet, of, let's, front, the, in, library ）tomorrow.

＿＿＿＿＿＿＿＿＿＿＿＿＿＿＿＿＿＿＿ tomorrow.

(2) 京都は古い建物で有名です。
Kyoto (is, for, buildings, its, famous, old).

Kyoto ＿＿＿＿＿＿＿＿＿＿＿＿＿＿＿＿＿＿.

(3) ここから病院までどのくらいありますか。
How (it, to, here, the, far, hospital, from, is)?

How ＿＿＿＿＿＿＿＿＿＿＿＿＿＿＿＿＿＿？

5　【英作文】
次の日本文を英語になおしなさい。　〈6点×2〉

(1) あなたは何をさがしているのですか。

＿＿＿＿＿＿＿＿＿＿＿＿＿＿＿＿＿＿＿＿＿

(2) この本は若い人たちの間で人気があります。

＿＿＿＿＿＿＿＿＿＿＿＿＿＿＿＿＿＿＿＿＿

総合力テスト ⑤

時間 ▶ 20分
解答 ▶ 別冊 p.30

得点 [   ]/100

出題範囲：関係代名詞／付加疑問・間接疑問／接続詞・仮定法／前置詞

1 次の（　）内から適するものを選び，記号を書きなさい。　　　【2点×6】

(1) It was snowing （ ア during　イ at　ウ on　エ under ） the night.

(2) I have a grandmother （ ア which　イ who　ウ whose　エ what ） is 70 years old.

(3) Akira read a lot of books, （ ア don't　イ doesn't　ウ didn't　エ wasn't ） he?

(4) The movie I saw with my friends （ ア was　イ were　ウ are　エ be ） very good.

(5) I usually study before dinner, （ ア because　イ until　ウ since　エ but ） today I will study after dinner.

(6) *A:* Are you （ ア on　イ in　ウ with　エ for ） or against the plan?
   B: I'm against it. I don't think it's a good idea.

(1)		(2)		(3)		(4)		(5)		(6)	

2 次の日本文に合うように，＿＿に適する語を書きなさい。　　　【4点×4】

(1) あなたは，彼女は何がいちばん好きなのか知っていますか。
   Do you know ＿＿＿＿＿ she ＿＿＿＿＿ the best?

(2) 私たちは雨がやむまでここにいます。
   We will be here ＿＿＿＿＿ it ＿＿＿＿＿ raining.

(3) 彼女は部屋で音楽を聞いていました。
   She was listening ＿＿＿＿＿ music ＿＿＿＿＿ her room.

(4) もし彼女が今ここにいたら，何と言うでしょうか。
   ＿＿＿＿＿ she were here now, what ＿＿＿＿＿ she say?

(1)		(2)	
(3)		(4)	

3 次の各組の英文がほぼ同じ意味になるように，＿＿に適する語を入れなさい。　　【4点×3】

(1) { This is the English book Tom gave me.
    { This is the English book ＿＿＿＿＿ to me by Tom.

(2) { He didn't have any money when he went out.
    { He went out ＿＿＿＿＿ any money.

(3) { I asked him the number of watches he had.
    { I asked him ＿＿＿＿＿ ＿＿＿＿＿ watches he had.

(1)		(2)		(3)		

4 次の日本文の意味を表す英文になるように，（　　）内の語(句)を並べかえなさい。【5点×6】

(1) あの女の子たちは何について話しているのですか。
What (those, talking, are, about, girls)?

(2) あなたはきっとその CD を気に入ると思います。
(you'll, I'm, the CD, that, like, sure).

(3) あなたはできるだけ早く家に帰るべきです。
You (home, soon, can, as, as, should, you, go).

(4) ほかに何か買いたいものはありますか。
Is (you, else, there, want, buy, anything, to)?

(5) どのバスが病院に行くのか教えてください。
Please (bus, the hospital, tell me, goes, which, to).

(6) 彼はとても金持ちなので，その車を買うことができます。
He (that, buy, is, so, can, rich, he) the car.

(1)	What	?
(2)		
(3)	You	.
(4)	Is	?
(5)	Please	.
(6)	He	the car.

5 次の日本文を英語になおしなさい。　　　　　　　　　　【6点×5】

(1) もし時間があれば，私に手紙を書いてください。

(2) あなたはその試合が何時に始まるか知っていますか。

(3) 彼は学校へバスで行きますか，それとも自転車で行きますか。

(4) 私が先週読んだ本はおもしろかったです。

(5) 私に弟がいればいいのになあ。

(1)	
(2)	
(3)	
(4)	
(5)	

高校入試模擬テスト

時間 ▶ 40分
解答 ▶ 別冊p.31

得点 　/100

出題範囲：中学全範囲

1 次の（　）内から適するものを選び，記号を書きなさい。 【2点×5】

(1) *A:* （ ア What　イ When　ウ Why　エ Where) did you find my pen?
　　B: I found it under the desk.

(2) *A:* Have you (ア see　イ saw　ウ seen　エ seeing) the movie?
　　B: No, but I'm going to see it next Saturday.

(3) *A:* I can't open this bottle. Can you help me?
　　B: All right. Let me (ア try　イ trying　ウ tried　エ to try).
　　A: Thank you.

(4) *A:* What's wrong? You (ア like　イ look　ウ see　エ love) sad.
　　B: I'm all right. Don't worry.

(5) *A:* Who is the girl (ア run　イ ran　ウ runs　エ running) over there?
　　B: I think she is Sachiyo.

(1)		(2)		(3)		(4)		(5)	

2 次の日本文に合うように，＿＿に適する語を入れなさい。 【2点×5】

(1) トムは放課後，テニスをして楽しみました。
　　Tom enjoyed ＿＿＿＿ tennis ＿＿＿＿ school.

(2) 私たちは本をたくさん読むことが大切です。
　　It's ＿＿＿＿ ＿＿＿＿ us to read a lot of books.

(3) 今日はきのうよりもずっと暖かかった。
　　It was ＿＿＿＿ ＿＿＿＿ today than yesterday.

(4) 公園には子どもが数人いました。
　　＿＿＿＿ were a few ＿＿＿＿ in the park.

(5) これは100年前に書かれた本です。
　　This is a book ＿＿＿＿ 100 years ＿＿＿＿ .

(1)		(2)	
(3)		(4)	
(5)			

3 次の[ ]に適する英文を下から選び，記号を書きなさい。 【3点×4】

(1) *A:* How old is this house?

    B: [　　　　　　]

      ア　It was built ten years ago.　　イ　No, it's new.

      ウ　He will be twelve soon.　　エ　It isn't my house.

(2) *A:* It's very hot in this room.

    B: Yes. [　　　　　　]

    A: Sure.

      ア　I don't think so.　　イ　What would you like?

      ウ　Shall I close the door?　　エ　Will you open the window?

(3) *A:* You don't have a bike, do you?

    B: [　　　　　　]

      ア　No, I wish I had one.　　イ　Yes, I want to buy one.

      ウ　No, this is mine.　　エ　Yes, I don't need one.

(4) *A:* Did you know Tom is going to leave Japan next week?

    B: Yes, I did. [　　　　　　]

    A: I will, too.

      ア　Where will he go?　　イ　I'll miss him.

      ウ　When will you see him?　　エ　You'll come back to Japan.

(1)		(2)		(3)		(4)	

4 次の各組の英文がほぼ同じ意味になるように，＿＿に適する語を入れなさい。 【3点×4】

(1) { Please tell me the way to the station.

    { _____ can I get to the station?

(2) { She started to study in her room two hours ago. She is still studying there.

    { She _____ _____ studying in her room for two hours.

(3) { Do you want me to help you?

    { _____ _____ help you?

(4) { Why don't you take a bus?

    { How _____ _____ a bus?

(1)		(2)		
(3)			(4)	

117

5 次の英文を読んで，(1)〜(4)の建物が地図内のア〜クのどれに当たるか，記号で答えなさい。

[3点×4]

This is a map of the town. If you want to have lunch, I know a good restaurant. To get there, go straight down to the traffic light and turn left. Soon you will see a post office on a corner ahead of you. The restaurant I'm talking about is next to it.

After lunch, you should visit the museum. Go back to the traffic light and go straight along the park. In a few minutes, there will be a cafe on your right, and the museum is just across from the cafe, on the other side of the street.

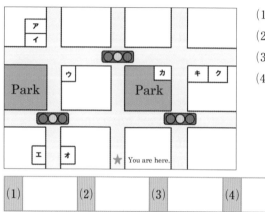

(1) Post office
(2) Restaurant
(3) Cafe
(4) Museum

(1)	(2)	(3)	(4)

6 次の対話文を読んで，下の問いに答えなさい。

[4点×2]

Yumi: What did you do on the weekend?

Mr. Green: I went to the library. I borrowed some books about Japanese culture.

Yumi: Japanese culture?

Mr. Green: I've been interested in Japanese culture for a long time. I came to Japan to study more about it.

Yumi: Where have you been in Japan?

Mr. Green: I went to Kyoto, Nara, and Kamakura last year.

Yumi: Wow. I've never visited any of them.

(1) 次の質問に3語以上の英語で答えなさい。

Has Yumi ever been to Kyoto?

(2) 次のア〜エから，本文の内容に合うものを1つ選び，記号を書きなさい。

ア Yumi and Mr. Green went to the library to study about Japan.

イ Yumi asked Mr. Green to teach her about Japanese culture.

ウ Mr. Green came to Japan because he wanted to learn about Japanese culture.

エ Mr. Green has wanted to visit Kyoto, but he has never been there.

(1)	(2)

7 次の（　）内の語を並べかえて，意味の通る正しい英文にしなさい。　【4点×4】

(1) *A:* Can（with，you，me，my，help，homework）?
　　B: Sorry, I can't. I have to help my mother today.

(2) *A:* Good morning, Mr. Sato. We won the soccer game yesterday.
　　B: Congratulations, Kenta. I know you're a very good soccer player, but
　　　（to，forget，English，don't，study）hard.

(3) *A:* Do you（play，to，know，game，how，this）?
　　B: Yes. I'll teach you how.

(4) *A:* We are going to have a birthday party for Lisa next Sunday. Can you come?
　　B: Yes, of course. I will bring her something nice.
　　A: Good. I hope（will，her，it，happy，make）.

(1)	Can	?
(2)	～ , but	hard.
(3)	Do you	?
(4)	I hope	.

8 店での自然な会話になるように，(1)～(4)に入る文を書きなさい。　【5点×4】

(1)	
(2)	
(3)	
(4)	

カバーイラスト	くじょう
ブックデザイン	next door design（相京厚史，大岡喜直）
	株式会社エデュデザイン
本文イラスト	下田麻美
英文校閲	Joseph Tabolt
編集協力	三代和彦，甲野藤文宏，株式会社啓文社，株式会社ぷれす，株式会社ジャレックス，
	株式会社シー・レップス，水島郁
データ作成	株式会社四国写研
製作	ニューコース製作委員会

（伊藤なつみ，宮崎純，阿部武志，石河真由子，小出貴也，野中綾乃，大野康平，澤田未来，中村円佳，渡辺純秀，水島潮，相原沙弥，佐藤史弥，田中丸由季，中西亮太，髙橋桃子，松田こずえ，山下順子，山本希海，遠藤愛，松田勝利，小野優美，近藤想，辻田紗央子，中山敏治）

＼あなたの学びをサポート！／
家で勉強しよう。
学研のドリル・参考書

URL　　　　　　　https://ieben.gakken.jp/
X（旧 Twitter）　　@gakken_ieben

Web ページや X（旧 Twitter）では，最新のドリル・参考書の情報や，おすすめの勉強法などをご紹介しています。ぜひご覧ください。

読者アンケートのお願い

本書に関するアンケートにご協力ください。右のコードか URL からアクセスし，アンケート番号を入力してご回答ください。ご協力いただいた方の中から抽選で「図書カードネットギフト」を贈呈いたします。

アンケート番号：305304

https://ieben.gakken.jp/qr/nc_mondai/

学研ニューコース問題集　中学英文法

この本は下記のように環境に配慮して製作しました。
●製版フィルムを使用しない CTP 方式で印刷しました。
●環境に配慮して作られた紙を使っています。

【学研ニューコース】

問題集

中学英文法

[別冊]

解答と解説

- 解説がくわしいので，問題を解くカギやすじ道がしっかりつかめます。

- 特に誤りやすい問題には，「ミス対策」があり，注意点がよくわかります。

「解答と解説」は別冊になっています。
•••▶ 本冊と軽くのりづけされていますので，はずしてお使いください。

Gakken

1 be動詞・一般動詞の現在形

Step 1 基礎力チェック問題 （p.11）

① ア ② ウ ③ イ ④ ア ⑤ イ

⑥ walks ⑦ likes ⑧ goes

⑨ watches ⑩ studies ⑪ has

⑫ ア ⑬ ウ ⑭ イ ⑮ ア

⑯ ア ⑰ イ ⑱ ウ

解説 ①〜③ be動詞は主語に合わせて使い分ける。③の主語は a lot of books で複数。

⑤ 主語は3人称単数。動詞は3単現の形。

⑥〜⑩ 語尾によって -(e)s のつけ方が異なる。

⑪ have は has と変化する。

⑫ be動詞の疑問文は be動詞を主語の前に。

⑬ There is 〜.の疑問文は is を there の前に。

⑭⑮ 一般動詞の疑問文は，主語の前に Do か Does をおく。

⑯ be動詞の否定文は be動詞のあとに not。

⑰⑱ 一般動詞の否定文は，動詞の前に don't か doesn't をおく。

Step 2 実力完成問題 （p.12）

1️⃣ (1) ア (2) ウ (3) イ (4) エ (5) ア

解説 (1) 主語が3人称単数なので is。

(2) 主語は some people で複数。

(3) 主語は John and I で複数。

> **ミス対策** 直前の I だけにつられて，am としない。あとの students にも注目しよう。

(4) 主語は room ではなく，The pictures で複数。

(5) 主語は My father で3人称単数。

2️⃣ (1) イ (2) ウ (3) ア (4) イ
(5) イ (6) ア

解説 (1) No の答えでは not がついた形で答える。

(2) 主語が3人称単数の一般動詞(like)の疑問文なので，Does を主語の前におく。

(3) Are there 〜? という質問でも，答えの主語が単数(a girl)なので is。

(4)「あなたとケイトは友達ですか，絵美」の問い。we を主語にして，be動詞を使って答える。

(5) 空所のあとの文から Yes の答えを選ぶ。

(6) 空所のあとの文から No の答えを選ぶ。

3️⃣ (1) are (2) has (3) Are / aren't
(4) Do / do
(5) There, isn't[There's, not]
(6) doesn't, like (7) uses / does

解説 (1) 主語が単数か複数かに注目する。

(2)「美佳は兄弟を2人持っている」と考える。

(3) be動詞の疑問文。be動詞を使って答える。

(4) Do 〜? には，do を使って答える。

(5) 主語は a map で単数なので，「〜はありません」は There isn't 〜.で表す。

(6) 3単現の一般動詞の否定文は動詞の前に doesn't をおいて，〈doesn't＋動詞の原形〉。

(7) Who は3人称単数として扱う。答えの文では，uses の代わりに代動詞 does を使う。

4️⃣ (1) Mr. Suzuki goes to the park in the morning.
(2) There are three parks in our town.
(3) Is Ms. Green a famous singer?
(4) Does your father speak English?
(5) Do they play the piano every day?
(6) These books aren't[are not] interesting.
(7) Penguins don't[do not] fly.
(8) Mike doesn't[does not] eat *natto*.

解説 (1) 動詞を3単現の形にかえる。

(2) be動詞を are にかえる。

> **ミス対策** be動詞だけでなく，park も複数形にかえることを忘れないように。

(3) is を主語の前に出す。

(4) Does で始め，speaks は原形の speak にする。

(5) Do で始める。

(6) are のあとに not。短縮形は aren't。

(7) fly の前に don't[do not]をおく。

(8) 動詞 eats の前に doesn't[does not]をおき，eats は原形の eat に。

5️⃣ (1) There, are (2) plays, well
(3) have

解説 (1)「1週間は7日です」の文。

(2)「彼はじょうずなテニス選手です」＝「彼はテニスをじょうずにします」。

(3) 「ここではたくさん雨が降ります」の文。

6 ③

解説 ウ「これはあなたのかばん？」→ イ「はい，ありがとう。体育館に忘れました」→ ア「このぼうしもあなたの？」→ エ「いいえ，私のではありません。ジョンのものです」の流れ。bag と cap という語にも注目する。

7 (1) **What is your favorite subject?**
(2) **What do you usually do after**
(3) **I do my homework before**
(4) **How many students are there in**
(5) **He is not an English teacher.**
(6) **Is there anything new on the menu?**
(7) **What does she have for breakfast?**

解説 (1)「あなたの大好きな教科は何ですか」。
(2)「あなたはふつう放課後何をしますか」。after school で「放課後」。

> **ミス対策** usually の位置に注意。ふつう be 動詞，助動詞のあと，一般動詞の前におく。

(3)「私は夕食前に宿題をします」。
(4) How many students(何人の生徒)のあとに are there ～? を続ける。
(5)「彼は英語の先生ではありません」。
(6) anything はあとに形容詞がくる。anything new で「何か新しいもの」。
(7)「彼女は朝食に何を食べますか」。for breakfast で「朝食に」。

8 (例)(1) **I'm[I am] a member of the tennis team[club].**
(2) **My parents are in the park.**
(3) **She has a lot of shoes.**
(4) **How many people are there in your family?**

解説 (1)「～の部員」は a member of ～。「テニス部」は tennis team か tennis club とする。
(2)「～にいる」は〈be 動詞＋場所を表す語句〉。
(3) 主語が 3 人称単数なので，動詞は has。
(4) 数は How many ～ でたずねる。there はなくてもよい。また，How many people does your family have? としてもよい。

9 (例)(1) **She's[She is] from Osaka.**

---

(2) **She likes music very much(,) and (she) often listens to music.**
(3) **She goes to school by bike every day.**
(4) **She studies English hard.**

解説 (1)「～出身です」は〈be 動詞＋from ～〉。She comes from Osaka. でもよい。
(2)「～が大好き」は like ～ very much。She loves music. でもよい。
(3)「学校へ行く」は go to school。「自転車で」は by bike[bicycle]。「毎日」は every day。
(4)「一生けんめい」は hard。

入試レベル問題に挑戦 （p.15）

① **He likes baseball.**
② **No, he doesn't.**

解説 ①「ボブは何のスポーツが好きですか」という質問文。会話文で「あなたのいちばん好きなスポーツは何ですか，ボブ」とたずねられて，「野球」と答えていることからわかる。ただし，問題の質問文に対応する形と語数で答えること。
②「ボブはとてもじょうずに野球をしますか」という質問文。会話文の最後でボブは「ぼくはあまりじょうずなプレーヤーではない」と言っている。

2 be 動詞・一般動詞の過去形

Step 1 基礎力チェック問題 （p.17）

① イ ② イ ③ ウ ④ ウ ⑤ ア
⑥ walked ⑦ stopped ⑧ liked
⑨ studied ⑩ carried ⑪ had
⑫ came ⑬ wrote ⑭ told
⑮ thought ⑯ イ ⑰ ウ ⑱ ア
⑲ ア ⑳ イ ㉑ ウ

解説 ①～③ be 動詞の過去形は，am, is → was, are → were。
④，⑥～⑩ 規則動詞。-(e)d のつけ方に注意。
⑤，⑪～⑮ 不規則動詞。1 つひとつ覚えよう。
⑯～⑱ be 動詞の疑問文は be 動詞を主語の前に，一般動詞は〈Did＋主語＋動詞の原形 ～?〉の形。
⑲～㉑ be 動詞の否定文は be 動詞のあとに not,

一般動詞の否定文は動詞の前に did not をおく。

Step 2 実力完成問題 (p.18)

1 (1) イ (2) エ (3) ア (4) エ (5) ウ (6) ウ

解説 (1) I に対応する be 動詞の過去形は was。

(2) 主語が複数で過去の文なので，be 動詞は were。

(3) 過去の一般動詞の疑問文は Did ～? の形。

(4) send(～を送る)の過去形は sent。

(5) when she was a child から過去の文。「リサは子どものころ，3 年間日本に住んでいました」。

(6) last month(先月)から過去形を選ぶ。

2 (1) used (2) watched (3) stopped
(4) stayed (5) cried (6) ran
(7) knew (8) read (9) stood
(10) spoke (11) gave (12) brought

解説 (1) e で終わる語は d だけをつける。

(3) stop は語尾の p を重ねて ed をつける。

(4) y で終わっていても，y の前が母音字(a, i, u, e, o)であれば，そのまま ed をつける。

(5) 語尾が〈子音字＋y〉は y を i にかえて ed をつける。

(6)～(12) 不規則動詞。knew は[njúː ニュー]，過去形の read は[réd レッド]，brought は[brɔ́ːt ブロート]と発音する。

3 (1) lost (2) met (3) became
(4) heard (5) began (6) sat
(7) felt (8) saw

解説 すべて不規則動詞の過去形が入る。

(1)「私はきのうかさをなくした」。

(2)「この前の日曜日，私は駅でケンに会った」。

(3)「彼女が私にほほえんで，私は幸せになった」。

(4)「彼は私の物語を聞いて『とてもおもしろい』と言った」。heard は[háːrd ハ～ド]と発音。

(5)「私たちは数分待ち，そしてそれからコンサートが始まった」。

(6)「昼食後，私たちは公園へ行った。私たちは木の下にすわってたくさん話した」。

(7)「私たちは暑く感じたが，窓を開けなかった」。

(8)「彼女は私の兄の写真を見たとき，私に彼の名前をたずねた」。

4 (1) was (2) were (3) Were / was
(4) visited (5) Did / did (6) did, not
(7) was, not (8) Was, there

(9) There, weren't

解説 (1)「～にいる」は be 動詞で表す。

(2) 主語は My parents で複数形。

(3) you には were，I には was を使う。

(4) visit は規則動詞。

(5) Did ～? には did を使って答える。

(6) 一般動詞の過去の否定文。動詞の前に did not。

(7) was の否定文。was のあとに not をおく。

(8) Is there ～? の過去の文。

(9) 主語(clouds)が複数なので were を使う。

5 (1) took (2) ate (3) bought
(4) got (5) taught

解説 (1) 文意から take を過去形にする。take pictures で「写真をとる」。

(2)「何を食べたか」「～を食べた」の会話。

(3)「何を買ったか」「ペンを買った」の会話。

(4)「遅刻だよ。何時に起きたの？」「8 時に起きました。遅れてごめんなさい」。

(5)「去年はどこで教えましたか」への答えなので，teach の過去形を入れる。

6 (1) Tom was kind to us yesterday.
(2) My father gave me a dictionary last year.
(3) Ken's pictures weren't[were not] beautiful.
(4) She didn't[did not] say goodbye to them.
(5) Was Saki late for school this morning?
(6) When did he find the restaurant?

解説 (1) is を過去形の was にする。

(2) give の過去形は gave。

(3) were のあとに not をおく。

(4) didn't のあとの動詞は原形の say に。

(5) was を主語(Saki)の前に。

(6) When did で始め，found は原形の find に。

7 A ウ B ア

解説 A「たくさんの人がいましたか」への答えなので，「人々は日本中から来ていました」。

B「あまり楽しまなかった」に続く文なので，「(人が多すぎて)すぐに疲れてしまいました」。

8 (1) were (2) didn't[did not] sing
(3) did you make (4) wrote

解説 (1) 主語は children で複数形。

(2) 過去の否定文なので〈didn't[did not]＋動詞の原形〉に。

(3) 過去の疑問文。〈did＋主語＋動詞の原形〉に。

(4) Who が主語なので，あとには動詞がくる。

⑨ (1) Jim and I were good friends

(2) She spoke Japanese very well.

(3) Did you give him a present?

(4) How many books were there in his bag?

(5) I did not do my homework

解説 (1)「子どもだったとき，ジムと私はよい友達だった」。人名などと I を and で結ぶときは，I をあとにおいて，～ and I とする。

(2)「彼女は日本語をとてもじょうずに話した」。

(3)「あなたは彼にプレゼントをあげましたか」。

(4)「彼のかばんには何冊の本が入っていましたか」。

(5)「私は宿題をしなかった」。

⑩ (例)(1) When did you come to Japan?

(2) The stars in the winter sky were very[so] beautiful.

解説 (1) When のあとは一般動詞の疑問文。

(2) 複数形 stars が主語になることに注意。

入試レベル問題に挑戦 （p.21）

took, a, bath / went, to, bed, at, ten

解説 前半は「(彼は9時に)風呂に入った」。後半は「10時に寝た」。動詞はどちらも過去形になる。

---

3 進行形

Step 1 基礎力チェック問題 （p.23）

① ア ② イ ③ ア ④ ウ

⑤ looking ⑥ using ⑦ staying

⑧ swimming ⑨ coming ⑩ running

⑪ getting ⑫ studying ⑬ beginning

⑭ crying

⑮ ア ⑯ イ ⑰ ア ⑱ ウ

⑲ イ ⑳ ウ ㉑ イ

解説 ①～④ be 動詞は，主語の人称・数と時制から判断する。

---

⑤⑦⑫⑭ そのまま -ing をつける。

⑥⑨ e をとって -ing をつける。

⑧⑩⑪⑬ 最後の子音字を重ねて -ing をつける。

⑮～⑱ 進行形の疑問文は be 動詞を主語の前に。

⑲～㉑ 進行形の否定文は be 動詞のあとに not。

Step 2 実力完成問題 （p.24）

① (1) ア (2) イ (3) ア (4) イ (5) ア

解説 (1) 主語が単数で，現在進行形。

(2) at that time（そのとき）とあるので過去進行形。

(3)「私たちは彼をとてもよく知っています」。

ミス対策 know は「知っている」という状態を表す動詞なので，進行形にはしない。

(4) 主語が you の過去進行形。

(5)「ふつう私は自転車で学校に行きます」という習慣を表すので現在形に。進行形にはしない。

② (1) is, sitting (2) were, waiting

(3) Is, using / isn't (4) Who, is / is

(5) Where, were / were

解説 (1) 現在進行形。sitting のつづりに注意。

(2) 主語が複数の過去進行形。

(3) 現在進行形の疑問文は be 動詞で始める。

(4) Who が主語の現在進行形の文。

ミス対策 主語の Who(だれが)は3人称単数として扱うので，be 動詞は is を使う。

(5) Where のあとに過去進行形の疑問文を続ける。

③ (1) making (2) swimming

(3) writing (4) doing

(5) cooking (6) taking

解説 (1) make は語尾の e をとって -ing をつける。

(2) swimming のつづりに注意。

(3) 語尾の e をとって -ing。「彼が話しかけてきたとき，私は手紙を書いていた」。

(4) 動詞 do(する)に -ing をつける。「トムは自分の部屋にいて，いま宿題をしています」。

(5)「私が夕食を料理しているときに，私の父が帰宅しました」。

(6)「私たちはそのとき公園で散歩をしていました」。

④ (1) are having a good time at

(2) She was not listening to the CD.

(3) **A lot of children are dying all over**

(4) **looking for a birthday present**

解説 (1)「私たちはパーティーで楽しく過ごしています」という文。

(2) listen to ～で「～を聞く」。

(3) a lot of ～で「多くの～」，all over the world で「世界中で[の]」。「世界中で多くの子どもたちが死にかけています」という文。

(4) look for ～で「～を探す」。「私は母の誕生日プレゼントを探しています」。

5 (例)(1) **The girl is running to the station.**

(2) **Are you enjoying your stay in Japan?**

(3) **What were you talking about?**

(4) **When I called Emi yesterday, she was eating[having] dinner.**

解説 (1) run の -ing 形に注意。

(2)「～を楽しむ」は enjoy。

(3)「～について話す」は talk about ～。

(4)「～のとき」は when ～で表す。「～を食べる」は eat か have。when ～は文の後半にきてもよい。

6 (例)(1) **She is reading a book.**

(2) **They are playing tennis.**

解説 (1)「彼女は本を読んでいる」などとする。4～5語という指定なので，She's reading a book. としてもよい。

(2)「彼らはテニスをしている」などとする。

4 未来の文

Step 1 基礎力チェック問題 　　(p.27)

① **ア** ② **イ** ③ **ア** ④ **ア** ⑤ **ウ**
⑥ **イ** ⑦ **イ** ⑧ **イ** ⑨ **ア** ⑩ **ア**
⑪ **ウ** ⑫ **ア** ⑬ **ウ** ⑭ **ア**

解説 ①～③ 未来のことは be going to か will で表す。be は主語に応じて am，are，is を使い分ける。will は主語が何でも形はかわらない。

④ be going to のあとの動詞はつねに原形。

⑤ will のあとの動詞はつねに原形を使う。be 動詞の原形は be。

⑥ あとの going to から It's を選ぶ。

⑦～⑩ be going to の疑問文は be 動詞を，will の疑問文は will を，それぞれ主語の前に出す。

⑪～⑭ be going to の否定文は be 動詞のあとに not，will の否定文は will のあとに not をおく。

⑭ will not の短縮形は won't。

Step 2 実力完成問題 　　(p.28)

1 (1) **イ** (2) **イ** (3) **エ** (4) **ウ** (5) **ア**

解説 (1) 主語が複数なので are を選ぶ。「私の両親はもうすぐここに来ます」という文。

(2) will のあとの動詞はいつも原形。

(3) I'm とあとの動詞から，be going to の文。「私は日本の食べ物について話すつもりです」。

(4) 主語は The girls で複数。「この写真の少女たちは，この夏あなたの町を訪問する予定です」。

> **ミス対策** 主語をうしろから修飾する語句に注意。( )の直前の単数名詞につられないこと。

(5) あとの be fun から，It を主語にする。「あなたはパーティーに来ますか」「はい，行きます。それは楽しいでしょう[楽しそうですね]」という会話。

2 (1) **Is, study** 　　(2) **will, be**
(3) **aren't, going** (4) **won't, listen**

解説 (1) あとの going to から，be going to の疑問文にする。主語が she なので be 動詞は is。

(2) 空所の数から will の文にする。He is busy. という文を未来の文にすると考えて，be 動詞を補う。

> **ミス対策** 未来を表す be 動詞の文では，be 動詞は原形の be を使う。

(3) あとの to play から，be going to の否定文に。空所の数から短縮形を使う。

(4) will not listen が入るが，空所の数から will not を短縮形にする。

3 (1) **エ** (2) **ア**

解説 (1) 次の文で「テレビでは晴れるだろうと言っている」となっているので，未来の天気に関する文が入るとわかる。

(2)「そうだとよい[＝明日が晴れだとよい]」に続くことから考える。

4 (1) **We're going to visit old people.**

(2) How long are you going to stay in

(3) What time will they leave home?

(4) will never forget your kind smile

(5) You will be able to speak English

解説 (1)「～するつもりです」は〈be going to＋動詞の原形〉で表す。

(2) How long のあとは are you going to ～と, be going to の疑問文を続ける。

(3) What time のあとに will の疑問文を続ける。

(4) never(決して～ない)は not の意味を強める語。not と同じように will のあとにおく。

(5)「～できる」の未来の文は,〈will be able to＋動詞の原形〉で表す。

⑤ (例)(1) You will[are going to] be sixteen (years old) next year.

(2) I hope (that) it will be warm tomorrow.

(3) I will not be a teacher. / I am not going to be a teacher.

解説 will / be going to のどちらを使ってもよい。

(1)「来年」は next year。

(2)「～だといいな」は I hope (that) ～. で表す。

(3) be 動詞の未来の否定文で表す。

⑥ (例)I will go swimming with my friends.

解説「あなたは明日何をしますか」の問い。I will[I'll]に続けて, することを書く。

総合力テスト ①　　　　　　　(p.30)

① (1) イ　(2) エ　(3) ア　(4) ウ　(5) イ

解説 (1) 主語は five people で複数なので There are ～. の文。「私は5人家族です」。

(2) 主語の children は複数。two days ago は過去を表す語句なので, 過去進行形に。

(3) last night(昨夜)から過去と判断する。

(4) will のあとは原形。「～になる」は be。「私は明日15歳になります」。

(5)「写真をとる」は take a picture。take の過去形は took。「だれがこの写真をとりましたか」。

② (1) spoke　(2) running

(3) has　(4) caught

解説 (1) あとの文が過去なので過去形にする。

(2) It's があるので進行形にする。

(3) 現在の文。have の3単現の形は has。

(4) yesterday から過去形の caught に。

③ (1) goes, to　(2) didn't, know

(3) won't, visit　(4) is, writing

解説 (1) 3人称単数・現在の文。

(2) 過去の否定文。

(3) 未来の否定文。will not の短縮形を使う。

(4)「～しているところです」は現在進行形。

④ (1) I will send you some pictures

(2) There are a lot of wonderful places

(3) Is she a good tennis player?

(4) When does summer vacation start

(5) What will you buy at the store?

解説 (1)〈will＋動詞の原形〉の文。「私はあなたに私たちの文化祭の写真を送ります」。

(2) There are ～. の文。「この市には素晴らしい場所がたくさんあります」。

(3)「彼女はじょうずなテニスの選手ですか」。

(4) when を使った一般動詞の疑問文。「オーストラリアでは夏休みはいつ始まりますか」。

(5) what のあとに will の疑問文。「あなたはその店で何を買うつもりですか」。

⑤ (例)(1) What do you usually do on Sunday(s)?

(2) He found his cat in the kitchen.

解説 (1) usually(ふつう)の位置に注意。ふつう be 動詞・助動詞のあと, 一般動詞の前におく。「日曜日に」は on Sunday または on Sundays。

(2) find(見つける)の過去形は found。

⑥ (例)(1) I was looking for my bag.

(2) You'll[You will] be late for school.

(3) I didn't[did not] eat breakfast this morning

解説 (1) 過去進行形の文にする。「～をさがす」は look for ～。

(2)「～に遅れる」は be late for ～で表す。

(3) 対話の流れから「けさ朝食を食べなかった」などという文が入る。eat は have でもよい。

助動詞

Step 1 基礎力チェック問題 （p.33）

① **ア** ② **ア** ③ **イ** ④ **ウ** ⑤ **イ**

⑥ **イ** ⑦ **ア** ⑧ **ウ** ⑨ **イ** ⑩ **ア**

⑪ **ア** ⑫ **ウ** ⑬ **ア** ⑭ **ウ** ⑮ **イ**

解説 ① 助動詞は主語が何でも形はかわらない。

② 助動詞のあとの動詞は必ず原形。

③「～してもよいか」は May I ～?

④「～しないかもしれない」は may not。

⑤「～してはいけない」は mustn't[must not]。

⑥「～すべき」は should。

⑦「(私が)～しましょうか」は Shall I ～?

⑧「～したい」は would like to ～。

⑨ be able to＝can。ここは過去形なので could。

⑩ must＝have[has] to。

⑪ Let's ～.＝Shall we ～?

⑫ Please ～.＝Will you ～?

⑬ May I ～?＝Can I ～?

⑭ Would you like ～? は相手にものをすすめる言い方。

⑮ Don't ～.＝You mustn't[must not] ～.

Step 2 実力完成問題 （p.34）

1 (1) **ア** (2) **ウ** (3) **イ** (4) **イ** (5) **ア**

解説 (1) can のあとの動詞はつねに原形。

(2) I'd＝I would。would like to ～で「～したい」。want to ～よりていねいな言い方。

(3)「あなたは今日の午後熱心に練習したので疲れているにちがいない」。「～にちがいない」は must。

(4) May I ～? で「～してもいいですか」。「ここはとても暑い。窓を開けてもいいですか」。

(5) Shall I ～? で「～しましょうか」。「窓を開けましょうか」と申し出ている。

2 (1) **can't[cannot], use** (2) **has, to**

(3) **must, not** (4) **may[can], be**

(5) **can't[cannot], be**

解説 (1)「～できない」は can't[cannot]。

(2)「～しなければならない」を2語では have to。主語が He なので has to の形にする。

(3)「～してはいけない」は must not。

(4)「～かもしれない」は may または can で表せる。

> **ミス対策** 助動詞のあとの動詞は原形。be 動詞の原形は be。

(5)「～であるはずがない」は can't[cannot]。

3 (1) **mustn't, drink** (2) **Shall, we**

(3) **was, able**

解説 (1) mustn't は「～してはいけない」と禁止を表す。

(2) 相手を誘う言い方。

(3) can≒be able to。過去の否定文なので，was not able to とする。

4 (1) **ア** (2) **ア** (3) **エ**

解説 (1) Can[Will] you ～?（～してくれませんか）に了解する答え方は，All right. や Sure. など。

(2) Can I ～?（～してもいいですか）に対して断るときは，I'm sorry などのあとに理由を付け加える。

(3) 次に相手が「わかりました。はい，どうぞ」と応対しているので，「塩を取ってもらえませんか」と頼む**エ**が適切。

5 (1) **you like something to**

(2) **don't have to run**

解説 (1) Would you like ～? は「～はいかがですか」と相手にものをすすめる言い方。

(2) don't have to ～で「～する必要はない」。

6 (例)(1) **May[Can] I visit you tomorrow?**

(2) **Will[Can, Would] you show me those pictures?**

(3) **What time shall we leave home?**

(4) **Shall I lend you ten thousand yen?**

解説 (1)「～してもいいですか」は May[Can] I ～? で表す。

(2)「～してくれませんか」は Will[Can, Would] you ～? で表す。

(3)「家を出発する」は leave home で表す。

(4)「私が～しましょうか」は Shall I ～?, 「1万円」は ten thousand yen。

① ウ ② イ ③ ア ④ ア ⑤ イ ⑥ イ

⑦ apples ⑧ boys ⑨ × ⑩ stories

⑪ boxes ⑫ × ⑬ × ⑭ leaves

⑮ dishes ⑯ men ⑰ × ⑱ sheep

⑲ ○ ⑳ ○ ㉑ × ㉒ × ㉓ children

㉔ books

解説 ① ふつう人名に a[an]はつかない。

② cat の複数形は cats。

③④ water は数えられない名詞なので，複数形はなく，単数扱いをする。

⑤「私の母の～」は my mother's ～。

⑥ a cup of ～の複数形は cup だけを複数形に。

⑨⑫⑬⑰ 数えられない名詞。複数形はない。

⑩〈子音字＋y〉で終わる語は，y を i にかえて -es。

⑪⑮ -x，-sh などで終わる語は，-es をつける。

⑭ -f(e)で終わる語は，f(e)を v にかえて -es。

⑯ man は men と不規則に変化する。

⑱ sheep は単数と複数が同じ形。

⑲ どちらも[s ス]。

⑳ どちらも[z ズ]。

㉑ [iz イズ]と[z ズ]。

㉒ [z ズ]と[s ス]。

㉓㉔ 主語が複数形になれば，あとの名詞も複数形になる。child の複数形は children。

1 (1) classes (2) feet (3) women

(4) aunt (5) season (6) ear

(7) life (8) scientist

解説 (1)～(3) 複数形にする。

(4)「父」-「母」，「おじ」-「おば」の関係。

(5)「4月」-「月」，「冬」-「季節」の関係。

(6)「見る」-「目」，「聞く」-「耳」の関係。

(7)「歌う」-「歌」，「生きる」-「生活」の関係。

(8)「芸術」-「芸術家」，「科学」-「科学者」の関係。

2 (1) glasses (2) students

(3) sister's (4) children

解説 (1)(2)(4) 前に two，ten，a lot of という複数

を表す語(句)があるので，複数形にする。

(3)「私の姉[妹]の～」は my sister's ～。

3 (1) libraries (2) time (3) cup, of

(4) parents, money (5) animals, dogs

(6) people, countries (7) pair, shoes

解説 (1) There are とあるので主語の名詞は複数形。library は語尾の y を i にかえて -es。

(2)「時間」の意味の time は数えられない名詞。

(3)「1杯の紅茶」は a cup of tea。

(4)「両親」は parents。money は数えられない名詞なので複数形にしない。

(5)「～が好きだ」と言うとき，like のあとの数えられる名詞はふつう複数にする。

(6)「人たち」は people。country（国）は〈子音字＋y〉で終わる語なので，複数形は countries。

(7)「1足の靴」は a pair of shoes。

4 (1) ア (2) イ

解説 (1) have a lot of fun で「大いに楽しむ」。

(2)「なぜなら病気の人たちを助けたいから」と続いているので，私がなりたいのは「医師」。

5 (1) player (2) teacher (3) speaker

解説 (1)「テニスをとてもじょうずにする」→「テニスがとてもじょうずな選手(player)だ」。

(2)「私たちに数学を教える」→「私たちの数学の先生(teacher)だ」。

(3)「英語がうまく話せない」→「英語のじょうずな話し手(speaker)ではない」。

6 (1) name (2) subject[class]

(3) season (4) breakfast

(5) August (6) March

(7) seconds (8) Thursday

解説 (1)「日本語でその花の名前は何ですか」とたずねている。

(2)(3)「数学と理科が好き」「春が好き」の答えから，好きな「教科」「季節」をたずねている。

(4)「朝食に何を食べましたか」とたずねている。

(5)「7月のあと，9月の前に来るのはどの月ですか」。

(6)「日本では，学校の1年は4月に始まり，（　）に終わる」。

(7)「1分は60（　）ある」。「秒」は second。

(8)「水曜日と金曜日の間にある」曜日は？

7　代名詞

Step 1　基礎力チェック問題　　（p.41）

① ア，カ　② ア，カ　③ イ，エ

④ イ，オ　⑤ ウ　　⑥ mine　⑦ hers

⑧ yours　⑨ ours　⑩ his　⑪ theirs

⑫ イ　⑬ ア，カ，ケ　⑭ ウ，カ

⑮ イ　⑯ ア，カ　　⑰ ア，カ

解説 ①～③ I－my－me など，人称代名詞の主格
（～は）・所有格（～の）・目的格（～を）の形を確認
しておこう。

④「これら」は these。

⑤ 天気を表す文は it を主語にする。

⑥～⑪ 1語で「～のもの」の意味を表す所有代名
詞もしっかり覚えよう。

⑫ a pen の代わりをするのは one。

⑬「彼らはみんな」は all of them。

⑭「私たちの2人とも」は both of us。

⑮ 疑問文で「何か」は anything。

⑯ this one は「こちらのもの」。「別のもの（1つ）」
は another。

⑰「2人のうちの1人」は one，「残りの1人」は
the other。

Step 2　実力完成問題　　（p.42）

1 (1) エ　(2) エ　(3) イ　(4) エ

　(5) ア　(6) ウ　(7) ウ　(8) ウ

　(9) イ　(10) エ　(11) ウ　(12) ウ

解説 (1) 前置詞のあとは目的格。

(2) know の目的語になる。

(3) あとに名詞が続くので所有格。

(4) 主語が「生徒たち」で複数なので「彼らの」。

(5) あとの名詞が複数形なので these。

(6) あとの lives から単数を表す one を選ぶ。

> **ミス対策** 〈one of ＋複数名詞〉は単数扱い。

(7)「どれでもいいからかさを1本」という意味で
an umbrella のかわりに使うのは one。

(8) あとの has から単数を表す each を選ぶ。

(9)「～のもの」を表す語は hers。

(10)「私のもの」を表す語は mine。

(11)「あなたのもの」は yours。

(12)「何か熱い飲み物」は something hot to drink。

2 (1) say, anything　(2) It, snowed

　(3) each, other　(4) Some, others

解説 (1) nothing を not ～ anything に書きかえる。
didn't のあとの動詞は原形。

(2)「今年の冬は雪がたくさん降りました」の文。
天気は it を主語にして表す。

(3)「アヤと私はおたがいに助け合いました」とい
う文にする。「おたがい」は each other。

(4)「彼らの全員が泳げるわけではない」という部
分否定の文を，「一部の人たちは泳げるが，ほか
の人たちはそうではない」という，Some ～,
others …. の文に書きかえる。

3 (1) you　(2) his　(3) ourselves　(4) those

解説 (1)「トムと私は」－「私たちは」，「あなたと
トムは」－「あなたたちは」の関係。

(2)「～のもの」を表す語にする。

(3)「～自身」を表す語にする。

(4)「あれら」と複数を表す語にする。

4 (1) Both of them are fine.

　(2) How far is it from here to

　(3) blue one is hers

　(4) do you have anything smaller

　(5) each of us can eat one

解説 (1)「彼らは2人とも」は both of them。

(2) How far is it from A to B? で「A から B まで
はどれくらい離れていますか」と距離をたずねる
文。距離を表す文も it を主語にする。

(3)「その青いのが彼女のものです」。

(4)「もっと小さいものはありませんか」。anything
はあとに形容詞がくる。

(5) each of us で「私たちのそれぞれ」の意味。

5 （例）(1) to see some of

　　　 (2) it will be sunny[fine] tomorrow

解説 (1)「あなたはそれらの何枚かを見たいです
か」という文にする。「～したいか」は Would you
like to ～? で表す。疑問文でも，相手に Yes の答
えを期待しているときには any ではなく some を
使う。

(2)「明日雨が降りそうだ」を受けているので，「明
日は晴れてほしい」という内容の文にする。（I

hope) it won't rain tomorrow(.)（明日雨が降らないでほしい）や（I hope) not(.)（そうでないことを望む）などでもよい。

8 冠詞・形容詞・副詞

Step 1 基礎力チェック問題 （p.45）

① イ，エ　② ア　③ ウ　④ ア　⑤ ア
⑥ ア　⑦ イ，オ
⑧ first　⑨ second　⑩ third　⑪ fifth
⑫ old　⑬ hot　⑭ easy　⑮ small[little]
⑯ イ　⑰ ア　⑱ ウ　⑲ ア

解説 ① あとが母音で始まる語のときは an。
②④ time，water は数えられない名詞。
③ boys は数えられる名詞。
⑤「自転車で」は by bike。冠詞はつけない。
⑥「～につき」は a[an]。「月に一度」は「1 か月につき一度」で，once a month。
⑦「よく」は often。「(楽器)を演奏する」はふつう〈play the＋楽器名〉で表す。
⑧～⑪「～番目(の)」を表す序数。
⑫「新しい」の反対は「古い」。
⑬「寒い，冷たい」の反対は「暑い，熱い」。
⑭「難しい」の反対は「容易な，簡単な」。
⑮「大きい」の反対は「小さい」。
⑯「ゆっくりと」は slowly。
⑰「じょうずに」は well。
⑱ 否定文で「～も」は，too ではなく either。
⑲「とても」は very で，副詞 fast を修飾している。

Step 2 実力完成問題 （p.46）

1 (1) ウ　(2) エ　(3) イ　(4) ア　(5) ウ
解説 (1)〈play the＋楽器名〉。
(2) snow は数えられない名詞。not ～ much で「あまり～ない」。否定文では some は使えない。
(3)「その問題はとても難しかったので，私たちが答えるのは簡単ではなかった」という文。
(4)「私も好きではない」という文。

┌─────────────────────────────┐
│ ミス対策 否定文で「～も」と言うときは too で │
│ はなく，either を使う。   │
└─────────────────────────────┘

(5)「ほとんどの学生」は most students のほか，almost を使えば，almost all (the) students か almost every student と言う。ここはあとの助動詞が have なので，almost every student は適さない。

2 (1) second　(2) twelfth　(3) little
　(4) short　(5) easily　(6) low
解説 (1)(2) 序数にする。つづりに注意。
(3)「たくさんの」と「少しの」の関係。
(4) 反意語。「短い」は short。
(5) 形容詞と副詞の関係。easily のつづりに注意。
(6) 反意語。high は「高い」，「低い」は low。

3 (1) many　(2) book, interesting
　(3) well　(4) favorite　(5) no, with[on]
解説 (1) a lot of（たくさんの）は数えられる名詞にも数えられない名詞にも使える。
(2)「この本はおもしろい」と言いかえる。
(3)「彼女はじょうずにテニスをする」とする。
(4) like the best「いちばん好き」を形容詞 favorite で言いかえる。
(5) not ～ any を形容詞の no に置きかえる。

4 (1) not, any　　(2) have, much
　(3) something, cold　(4) home, late
　(5) Few, students　(6) is, sometimes
解説 (1)「ひとりも～ない」は not ～ any。
(2)「多くの雨をもつ」と表す。
(3)「何か～なもの」は〈something＋形容詞〉の語順で形容詞がうしろから修飾する。
(4)「帰宅する」は副詞の home を使って come home と表す。「遅く」を表す副詞は late。
(5)「ほとんど～ない」は few。

┌─────────────────────────────┐
│ ミス対策 few は否定の意味を含んでいるの │
│ で，あとに not はいらない。   │
└─────────────────────────────┘

(6) sometimes は be 動詞のあとにおく。

5 (1) hungry　(2) hundred　(3) another
　(4) busy　(5) wrong　(6) fourth
　(7) slowly　(8) very[so]　(9) half
解説 (1)「私はとても（　）だ。けさ朝食を食べなかったから」。「空腹な」は hungry。
(2)「300 人」は three hundred people。hundred に -s はつかない。

(3)「別のを見せてください」という文。

(4)「することがたくさんある」から「忙しい」という busy が入る。

(5)「間違い電話ではないですか」という文。

(6) April は「4月」だから「4番目の月」。

(7) B の「私は早口すぎました」の応答から，「ゆっくり話してくださいませんか」。

(8)「とても速く泳ぐことができる」という文。

(9)「30分は1時間の半分です」。「半分の」は half。

9 いろいろな疑問文・否定文

Step 1 基礎力チェック問題 （p.49）

① ウ ② イ ③ ア ④ イ ⑤ イ ⑥ ア
⑦ イ ⑧ イ ⑨ ア ⑩ ウ ⑪ ア ⑫ ウ
⑬ ア，オ

解説 ①「何の教科」は what subject。

②「なぜ」は why。

③「何時（に）」は what time。

④「いつ」は when。

⑤「だれの靴」は whose shoes。

⑥「A か B か」は〈A or B〉。

⑦ 値段は how much でたずねる。

⑧ 年齢は how old でたずねる。

⑨ 期間は how long でたずねる。

⑩ 回数・頻度は how often でたずねる。

⑪ not(…)very ～で「あまり～ない」。

⑫「ほとんど～ない」は数えられない名詞の場合は little を使う。数えられる名詞なら few。

⑬「（まったく）～がない」は no ～か not … any ～で表す。

Step 2 実力完成問題 （p.50）

1 (1) ア (2) エ (3) イ

解説 (1) 方法は how でたずねる。「あなたはどのようにして学校へ行きますか」。

(2)「どちらを食べたいですか」とたずねる文。

(3) 時刻は what time でたずねる。「あなたは何時に家を出ますか」。

2 (1) ア (2) ウ (3) イ (4) エ (5) イ

解説 (1) How long には所要時間や期間，長さな

どを答える。

(2) 質問に対して，早く家に帰らなければならない理由を答えている。

(3)「私が書きました」と答える文。

> **ミス対策** 〈Who＋一般動詞の過去形…?〉には，
> ～ did. と代動詞の did を使って答える。

(4)「そこでとても楽しい時を過ごした」という答えから，旅行の様子をたずねるエが適切。

(5) この like は「～のような」の意味の前置詞で，What is ～ like? で「～はどんな人[もの]ですか」。

3 (1) Where (2) How, much
(3) How, often (4) How (5) soon

解説 (1) B が「それをいすの上に置いた」と場所を答えているので，Where(どこに)が入る。

(2)「3,000円です」の答えから，値段をたずねるHow much(いくら)が入る。

(3)「ほとんど毎日です」の答えから，回数や頻度をたずねる How often が入る。

(4)「砂糖なし，ブラックが好きです」の答えから，「どのように」と状態をたずねる How を入れる。

(5) How soon で「どれくらい早く」「あとどれくらいすれば」という意味を表す。「コンサートはあとどれくらいで始まりますか」。

4 (1) had, little (2) didn't, have, any
(3) No, one, knows (4) not, always

解説 (1)「ほとんど～ない」は数えられない名詞(rain)には little を使う。

(2) 空所の数から，not ～ any で表す。She had no time to go shopping. と同意。She did not have time to ～. でもよい。

(3)「だれも～ない」は no one。no one は3人称単数扱いをするので，あとの動詞の形に注意。

(4)「いつも～とは限らない」という部分否定は，not always ～。

5 (例)(1) Where are you from?
(2) What do you think of[about] Japan? / How do you like Japan?
(3) When did you come to Japan?
(4) Where can I buy[find] shoes? / Where do you sell shoes?
(5) Which bus goes to the station?

(6) **How long do I have to wait?**

解説 (1) be from 〜で「〜出身です」。Where do you come from? でもよい。

(2)「〜についてどう思いますか」は What do you think of[about] 〜? と言う。*How* do you think of 〜? とはしないので注意。

(3)「いつ日本に来ましたか」とたずねる。

(4)「どこで靴が買えますか」などとたずねる。

(5)「どのバス」は which bus。

> ミス対策 which bus は3人称単数なので, 現在の文ではあとの動詞は3単現の形にする。

(6)「どれくらいの時間」は how long でたずねる。How long must I wait? でもよい。

---

10 いろいろな文型

Step 1 基礎力チェック問題 (p.53)

① ア ② ウ ③ ア ④ ウ ⑤ イ
⑥ ア ⑦ ア ⑧ ウ ⑨ イ ⑩ ウ
⑪ イ ⑫ イ ⑬ ア ⑭ ア

解説 ① 命令文は動詞の原形で文を始める。

② be 動詞の原形は be。

③ 否定の命令文は, Don't で文を始める。

④「〜しましょう」は Let's で文を始める。

⑤〈How +形容詞!〉の感嘆文の形。

⑥ mustn't は「〜してはいけない」と禁止を表す。

⑦ Shall we 〜? で「〜しましょうか」。

⑧〈show +人+物〉を〈show +物+ to +人〉に。

⑨「〜になる」は become。過去形は became。

⑩「(人)に(物)を話す」は〈tell +人+物〉。

⑪〈buy +物+ for +人〉の形。

⑫〈make +物+ for +人〉の形。

⑬「O を C にする」は〈make + O + C〉の語順。

⑭「O を C と名づける」は〈name + O + C〉の語順。

Step 2 実力完成問題 (p.54)

1 (1) イ (2) ア (3) ウ (4) ア
  (5) エ (6) エ (7) イ (8) ア

解説 (1)「宿題ができない」に続くので, 「手伝ってください」とたのむ文にする。

(2)「ここでは静かにしなさい」という命令文。

(3)「この授業では英語しか使えない」と続くので, 「日本語を話してはいけない」とする。

(4)「暗くなる」は get dark。got は get の過去形。

(5) あとに2つの目的語をとるのは buy の過去形の bought。

(6)「その犬をポチと名づけた」とする。

(7) leave the door open で「ドアを開けたままにしておく」。SVOC の文の命令文。

(8)〈look +形容詞〉で「〜に見える」。

2 (1) call, him (2) kept[left], open
  (3) make, her (4) it, interesting

解説 (1)「友達は彼をケンと呼ぶ」。

(2)「彼女は窓を開けたままにしておいた」。この文の open は「開いている」という意味の形容詞。

(3)「彼の歌は彼女を幸せにする」。

(4)「彼はそれがおもしろいとわかった」。

3 (1) ア (2) イ (3) ウ

解説 (1)「たくさんの違った色がある」に同意しているので, 「なんて美しいのでしょう」が入る。

(2) Let's 〜. に「わかった」と応じている。

(3)「なんていい日でしょう」に「はい」と応対している。天気の文では it を主語にする。

4 (1) teaches (2) to, her
  (3) make, them

解説 (1)「私たちの英語の先生だ」=「私たちに英語を教える」。

(2)〈send +物+ to +人〉(人に物を送る)の形に。

(3)「その知らせを聞けば彼らは悲しくなる」を「その知らせが彼らを悲しくする」と書きかえる。〈make + O + C〉の書きかえ問題はよく出る。

5 (1) everything looked new to
  (2) Don't be afraid of making
  (3) They may make you sick.
  (4) Can you show me your new guitar?
  (5) You will find it exciting.

解説 (1)「すべてが私には新しく見えた」。

(2)「間違いをすることを恐れるな」。「〜を恐れる」は be afraid of 〜。

(3)「それらはあなたを病気にするかもしれない」。〈make + O + C〉の文にする。

(4)〈show +人+物〉の語順。

(5) 〈find＋O＋C〉で「O が C だとわかる」。

ミス対策 find は「〜を見つける」という意味のほかに、SVOC の文型で「O が C だとわかる」という意味にもなる。

6 (例)(1) **What do you call this flower in English?**

(2) **Let's walk to school today.**

(3) **Please call me Kate.**

(4) **Could[Would, Will, Can] you tell [show] me the way to the station?**

解説 (1) How do you say this flower in English? でもよい。

(2) Shall we 〜? や Why don't we 〜? でもよい。

(3) 〈call＋O＋C〉の形。

(4) 「〜へ行く道を私に教える」は tell[show] me the way to 〜。

総合力テスト ② (p.56)

1 (1)(2) **カ, ケ** (3) **シ** (4)(5) **キ, コ** (6) **イ**

(7)(8) **エ, サ** (9) **オ** (10)(11) **ア, ス**

(12)(13)(14) **ウ, ク, セ**

解説 (1)(2)「犬」「ネズミ」

(3)(4)(5)「仕事」「ピアニスト」「教師」

(6)(7)(8)「季節」「秋」「夏」

(9)(10)(11)「食べ物」「肉」「ニンジン」

(12)(13)(14)「赤」「茶色」「緑」

2 (1) **イ** (2) **ウ** (3) **ウ**

解説 (1) How old は年齢をたずねている。I'm fifteen. はあとに years old が省略されている。

(2)「よい和食レストランを見つけた」に続くので、「行きましょうか」と誘う文にする。

(3)「私も〜ではありません」と、否定文で「〜も」と言うときは、too ではなく either を使う。

3 (1) **had, no** (2) **made, us**

解説 (1) not 〜 any は no を使って書きかえられる。前の動詞は過去形にする。

(2)「私たちはその知らせを聞いたとき悲しく感じた」を「その知らせは私たちを悲しませた」という〈make＋O＋C〉の文にする。

4 (1) **mine** (2) **How, many**

(3) **favorite** (4) **call**

解説 (1)「あなたのものですか」に対する応答。「私のもの」は mine。

(2) 数をたずねるのは How many。「あなたは何人家族ですか」という問い。

(3)「お気に入りの, 大好きな」は favorite。

(4)「私をタカと呼んでください」とする。

5 (1) **like to ask you some questions**

(2) **doesn't have to come here**

(3) **I'd like something cold.**

(4) **Can you lend me the CD?**

解説 (1)「〜したい」は would like to 〜。あとは〈ask＋人＋物〉の語順。

(2)「〜しなくてもよい」は don't[doesn't] have to 〜で表す。

(3)「何か冷たいもの」は something cold。形容詞があとにくることに注意。

(4)「〜してくれますか」は Can you 〜? で表す。「(人)に(物)を貸す」は〈lend＋人＋物〉の語順。

6 (例)(1) **You look cold.**

(2) **It's very cold today.**

(3) **It'll[It will] make you warm.**

解説 (1)〈look＋形容詞〉で表す。

(2) It を主語にした文にする。

(3)「それ(＝熱いお茶)はあなたを温めます」と考えて、〈make＋O＋C〉の形で表す。

11 比較

Step 1 基礎力チェック問題 (p.59)

① longer, longest ② larger, largest

③ happier, happiest ④ hotter, hottest

⑤ more famous, most famous

⑥ more, most ⑦ better, best

⑧ **イ** ⑨ **イ** ⑩ **ウ** ⑪ **ウ** ⑫ **ウ**

⑬ **ア** ⑭ **ア** ⑮ **ア** ⑯ **イ** ⑰ **ウ**

解説 ① 比較級は語尾に -er を、最上級は語尾に -est をつける。

② 語尾が e で終わる語には、-r, -st をつける。

③ 語尾が〈子音字＋y〉のときは、語尾の y を i にかえて、-er, -est をつける。

④ 語尾が〈短母音＋子音字〉のときは，子音字を重ねてから，-er，-est をつける。

⑤ 比較的長い語は，前に more，most をつける。

⑥⑦ 不規則に変化するので，１つずつ覚えよう。

⑧⑨ あとの than より比較級に。

⑩⑪ 前の the とあとの of より最上級に。

⑫ 最上級のあとに名詞がくる形。

⑬ as と as の間には原級が入る。

⑭ 前に「～倍の」がついても as と as の間は原級。

⑮ 問題文と同じ内容にするには「アンの母親はアンより背が高い」とする。

⑯「ケイトはジムより若い」とする。

⑰「彼女はクラスでいちばん背が高い女子です」。

Step 2　実力完成問題　　　　(p.60)

1 (1) ア (2) イ (3) ウ (4) ウ (5) ア
(6) イ (7) エ (8) エ (9) エ (10) イ

解説 (1)〈as＋原級＋as …〉で「…と同じくらい～」の意味になる。「私のと同じくらい古い」。

(2)(4) あとの than から比較級に。

(3) 前の the とあとの of から最上級に。

(5) beautiful の最上級は most beautiful。

(6) 比較級を強めるときは much を使う。「今日はきのうよりもずっと寒い」。

(7) many の比較級 more に。「彼は私が持っているよりも多くの本を持っている」。

(8) not as ～ as …で「…ほど～でない」。

(9) あとの all から最上級に。「最後の問題がすべての中でいちばん難しかった」。

(10) 文の流れから，「７月はそこ（オーストラリア）では最も寒い月の１つです」とする。

2 (1) younger (2) easier (3) earlier
(4) hottest (5) best
(6) most interesting (7) more
(8) better (9) more important
(10) most

解説 (1)～(3) あとの than から比較級に。easy，early は y を i にかえて，-er をつける。

(4)～(6) 前の the から最上級に。hot は t を重ねて，-est をつける。good の最上級は best。interesting は前に most をつける。

(7) much の比較級の more に。

(8) well の比較級の better に。

(9) ２つのものを比べているので比較級に。

(10) many の最上級の most に。「彼女は先月私たちのクラスで最もたくさんの本を読みました」。

3 (1) newer, than (2) as, busy
(3) most, in (4) little, longer
(5) older, than (6) times, as
(7) Which, or (8) What, best
(9) warmer, warmer (10) much, than

解説 (1)「…より～」は〈比較級＋than …〉。

(2)「…ほど～でない」は not as ～ as …。

(3)「日本で」は範囲を表すので，in Japan。

(4)「少し」は a little。

(5)「…より５歳年上」は〈比較級＋than …〉の前に five years がくる。

(6)「約20倍」は about twenty times。

(7)「A と B ではどちらがより～か」は〈Which is 比較級, A or B?〉で表す。

(8)「～がいちばん好きだ」は like ～（the）best。

(9)「だんだん～」は〈比較級＋and＋比較級〉。

(10) 比較級を強める「ずっと」は much。「以前より」は than before。

4 (1) old (2) taller (3) younger
(4) youngest (5) two (6) Mika
(7) tallest

解説 (1) ユウジとミカを比べて同じなのは年齢。

(2)「ユウジはミカより背が高い」。

(3)「エミはケンより若い」。

(4) エミが４人の中でいちばんなのは若さ。

(5)「ミカはエミより２歳年上です」。

(6) ミカとケンでは，年上なのはミカ。

(7) ユウジが４人の中でいちばんなのは背の高さ。

5 (1) smaller (2) deeper (3) easier
(4) not, as, mine (5) longer, than, river
(6) No, larger (7) old (8) best, singer

解説 (1)「日本はブラジルほど大きくない」を「日本はブラジルより小さい」と書きかえる。

(2)「この湖は田沢湖ほど深くない」を「田沢湖はこの湖より深い」とする。

(3)「数学は私にとって英語より難しい」を「英語は私にとって数学より簡単だ」にする。

(4)「私の自転車はあなたのより古い」を「あなたの

自転車は私のほど古くない」とする。

(5)「信濃川は日本でいちばん長い川だ」を「信濃川は日本のほかのどの川より長い」とする。〈比較級＋than any other＋単数名詞〉の形。

(6)「琵琶湖は日本でいちばん大きな湖だ」を「日本のほかのどの湖も琵琶湖より大きくない」に。

(7) the same age は「同じ年齢」の意味。

(8)「私のクラスのだれもジェーンほどじょうずに歌えない」を「ジェーンは私のクラスでいちばんじょうずな歌い手です」とする。

6 (1) **What is the highest mountain in**
(2) **Which is more popular in your country, baseball or**
(3) **is the tallest student in**
(4) **Which season do you like the best of**
(5) **looks twice as big as you**

解説 (1)「日本でいちばん高い山は何ですか」。What mountain is the highest in でもよい。

(2)「あなたの国では，野球とサッカーとではどちらがより人気がありますか」。

(3)「彼は私たちの学校でいちばん背が高い生徒です」。

(4)「あなたは4つの中でどの季節がいちばん好きですか」。

(5)「それはあなたの2倍の大きさに見えます」。

7 (1) **It's** <u>much</u> **hotter here than in**
(2) **has** <u>more</u> **than one hundred books**
(3) **More** <u>and</u> **more people are visiting foreign**
(4) **more popular than any other** <u>boy</u> **in**

解説 (1) It's hot here.（ここは暑いです）の here と in Tokyo を比べた文。

> ミス対策 比較級を強める場合は，very ではなく much を使う。

(2)「～より多くの」は more than ～。

(3)「ますます～」は〈比較級＋and＋比較級〉。

(4) 最上級の内容を〈比較級＋than any other＋単数名詞〉の形で表す。

8 (例)(1) **He can run faster than Jim.**
(2) **Who gets up (the) earliest in your family?**

(3) **Kyoto is one of the most beautiful cities in Japan.**

解説 (1) He can run fast.（彼は速く走ることができる）の文で fast を比較級にした文。

(2)「早く起きる」は get up early。

(3)「最も～な…の1つ」は〈one of the＋最上級＋複数名詞〉の形。

入試レベル問題に挑戦 （p.63）
(例)(1) like summer the best
(2) is more popular than
(3) is not as popular as
(4) is as popular as
(5) like winter better than

解説 主語に応じて like（～が好き）または popular（人気がある）を使った文にする。

(1)「15人の生徒が，夏がいちばん好きだ」。

(2)「春は冬よりも人気がある」。

(3)「秋は夏ほど人気がない」。

(4)「秋は春と同じくらい人気がある」。

(5)「7人の生徒が，ほかの3つの季節より冬が好きだ」。

12 不定詞(1)

Step 1 基礎力チェック問題 （p.65）

① ア ② ア ③ ウ ④ 勉強すること
⑤ なりたい ⑥ しに[するために]
⑦ する（べき） ⑧ 聞いて
⑨ ウ ⑩ ア ⑪ ウ ⑫ イ ⑬ イ ⑭ ア

解説 ①② 不定詞は主語の人称・数，時制に関係なくつねに〈to＋動詞の原形〉。

③「何か食べ物」は anything to eat。

④「～すること」という意味の名詞的用法。

⑤ want to be ～で「～になりたい」。

⑥「～するために」と目的を表す副詞的用法。

⑦「～する（べき）」という意味の形容詞的用法。

⑧「～して」と感情の原因・理由を表す副詞的用法。

⑨⑪ 名詞をうしろから修飾する形容詞的用法。

⑩ try の目的語になるので名詞的用法。

⑫「〜するために」と目的を表す副詞的用法。

⑬「〜して」と感情の原因・理由を表す副詞的用法。

⑭ 主語になる名詞的用法。

Step 2 実力完成問題 (p.66)

1 (1) イ (2) ウ (3) イ (4) ア (5) イ

解説 (1) want to 〜で「〜したい」。「彼は日本の文化についてもっと多くのことを知りたい」。

(2) 目的を表す不定詞。「彼女は始発電車に乗るために5時に家を出ました」。

(3) 原因・理由を表す副詞的用法。「私は病院で彼に会って驚きました」。

(4) Why 〜? (なぜ〜か) に「〜するためです」と目的を答えるときは,不定詞を使う。

(5)「私は友だちと英語を勉強するために図書館へ行くところです」。

2 (1) to, buy[get] (2) to, be
(3) to, read (4) like, to, eat[have]

解説 (1)「〜しに[するために]」は to 〜。

(2)「〜して」は〈感情を表す形容詞＋ to 〜〉。不定詞を使わず I'm sorry I am late for the class. という形でも可。

(3)「読まなければならない本」は books をうしろから不定詞が修飾する形で books to read。

(4) I'd は I would の短縮形なので,「私は〜したい」を I'd like to 〜で表す。

3 (1) to, do (2) nothing, to
(3) something, to, eat
(4) Remember, to (5) to, help

解説 (1)(2)「忙しい」は「することがたくさんある」。「ひまだ」は「することが何もない」。

(3)「いくらかの食べ物」を「何か食べるもの」に。

(4)「〜することを忘れないで」を「〜することを覚えておいて」と書きかえる。

(5)「お母さんを手伝うために」という目的を表す不定詞を入れる。

4 (1) have some pictures to show
(2) I am happy to see you
(3) another place to visit
(4) good plan to help those children
(5) give me something cold to drink

(6) I'd like to drink some cold
(7) sad to hear that her mother is
(8) had no house to live in

解説 (1)「私はあなたに見せる[見せたい]何枚かの写真を持っています」。

(2)「私はここであなたに会えてうれしい」。

(3)「この市には訪れるべき別の場所がありますか」。

(4)「彼にはあの子どもたちを助けるよい計画がありました」。plan をうしろから不定詞が修飾する。

(5)「私に何か冷たい飲み物をください」。

> **ミス対策** something を形容詞と不定詞が同時に修飾するときは,〈something＋形容詞＋不定詞〉の語順になる。

(6)「私は冷たい水が飲みたい」。I'd like to 〜で「私は〜したい」。some cold water で「冷たい水」。ふつう形容詞は名詞を前から修飾する。

(7)「私たちは彼女のお母さんが病気だと聞いて悲しい」。

(8)「彼らは住む家を持っていなかった」。had no house は「家を持っていなかった」。house をうしろから修飾する不定詞に to live in と前置詞がつくことに注意。

5 (例)(1) She looked very happy to find the flower(s).
(2) I tried to write a letter in English.
(3) I don't have much time to read books or to watch TV.

解説 (1)「〜して」を不定詞で表す。「〜に見える」は〈look ＋形容詞〉。

(2)「〜しようとする」は try to 〜。「英語で」は in English。

(3)「〜する時間」は time to 〜。この time は不可算名詞なので,「あまりない」は not 〜 much。「A したり B したり」は A or B と or を使って表す。

6 (例)(1) I want to go to Kyoto to visit old temples.
(2) I want to go to Hawaii to swim and to eat fresh seafood.

解説 I want to go to (場所) to (すること). の形で答えればよい。解答例は「私は古い寺を訪れるために京都へ行きたい」「私は泳いだり,新鮮な

シーフードを食べたりするためにハワイへ行きたい」の意味。

13 不定詞(2)

Step 1 基礎力チェック問題 （p.69）

① イ ② ウ ③ ア ④ ア ⑤ ウ
⑥ イ ⑦ ウ ⑧ ア ⑨ ア ⑩ ウ
⑪ イ ⑫ イ ⑬ ア ⑭ ウ

解説 ①「～のしかた」は how to ～。
②「(人)に～するように言う」は〈tell＋人＋to ～〉。told は tell の過去形。
③「～することは…だ」は It is … to ～. の文。
④「…すぎて～できない」は too … to ～。
⑤「親切にも～する」は「～するのに十分親切」と考えて，kind enough to ～と表す。
⑥「私にとって」は for me。
⑦「(人)に～してほしい」は〈want＋人＋to ～〉。
⑧「(人)に～させる」は〈let＋人＋動詞の原形〉。
⑨「～することは…だ」は It is … to ～. の文。
⑩「彼は私に走るように言った」とする。
⑪「私は彼にゆっくり話すようにたのんだ」。「(人)に～するようにたのむ」は〈ask＋人＋to ～〉。
⑫「暑すぎて私はよく眠れない」とする。「…すぎて－は～できない」は too … for － to ～。
⑬「彼女はこの車を買えるほど(十分)金持ちだ」。「～するのに十分…」は… enough to ～。
⑭「何をすべきか」は what to do。

Step 2 実力完成問題 （p.70）

1 (1) イ (2) ア (3) エ (4) エ
(5) ア (6) イ (7) ウ (8) ア

解説 (1) It is … to ～. の否定文。「長い間テレビを見ることはよくない」。
(2)「その箱は重すぎて動かせない」。
(3)「彼女は彼らに待つようにたのんだ」。
(4)「母は私に皿を洗うように言った」。
(5)「彼女はその魚の料理のしかたを知らない」。
(6)「あなた(たち)が英語を勉強することは大切だ」。
(7)「その少女は学校に行くのに十分な年齢です」。

(8)「私はトムにそれをさせません」。〈let＋人＋動詞の原形〉の形にする。

2 (1) told him to stop
(2) made her stay
(3) wanted them to be
(4) helped her (to) carry

解説 (1)「ボブが走り回っていたので，グリーン先生は彼に止まるように言った」。
(2)「ケイトは頭痛がしたので，お母さんは彼女をベッドにいさせた」。〈make＋人＋動詞の原形〉で「(人)に～させる」の意味を表す。
(3)「男の子たちがうるさかったので，女の子は彼らに静かにしてほしかった」。
(4)「女の子のかばんが重そうに見えたので，男の子は彼女がそれを運ぶのを手伝った」。helped her to carry のように〈help＋人＋to ～〉の形でもよい。

3 (1) where, to (2) tell, to, study
(3) It's, for, to (4) too, to (5) let, go
(6) them, to (7) old, enough, to
(8) which, book, to (9) not, to

解説 (1)「どこで～したらよいか」は where to ～。
(2)「(人)に～するように言う」は〈tell＋人＋to ～〉。
(3) It is … for － to ～. の文。
(4)「…すぎて～できない」は too … to ～。
(5)「(人)が～するのを許す，(人)に～させてやる」は〈let＋人＋動詞の原形〉。let は過去形も let。
(6)「(人)に～してもらいたい」は〈want＋人＋to ～〉。この want を would like にかえた形。

> ミス対策 「(人)に～してもらいたい」は〈would like＋人＋to ～〉でも表せる。

(7)「～できるくらい…」は… enough to ～。
(8)「どちらの本」は which book。
(9)「(人)に～しないように言う」は不定詞の前に not をつけて，〈tell＋人＋not to ～〉とする。

4 (1) What did you tell him to do?
(2) is easy enough for me to read
(3) It is necessary for him to finish the work
(4) Let me talk about my family.
(5) ask him to teach us how to use

解説 (1)〈tell＋人＋to ～〉の what で始まる疑問文。ここの「する」は do。

(2)「私が読むのに十分簡単だ」と考える。

(3)〈It is necessary for ＋人＋to ～.〉の形。

(4)「(人)が～するのを許す」は〈let＋人＋動詞の原形〉で表す。ここでは命令文になっている。

(5)〈ask＋人＋to ～〉と〈teach＋人＋how to ～〉が1つになった文。

5 (1) too, to　(2) how, to　(3) when, to
(4) kind, enough　(5) It, to, be
(6) It, to　(7) ask, to　(8) Don't, be

解説 (1) so … that － can't ～を too … to ～に書きかえる。

(2)「泳げる」を「泳ぎ方を知っている」に。

(3)「いつ出発すべきか」は when to leave で表す。

(4) kind enough to ～で「親切にも～する」。

(5) 動名詞が主語の文を It is … to ～.の文にする。

(6)「－は簡単に～できる」を「～することは－にとって簡単だ」とする。

(7)「アンをパーティーに招待する」を「アンにパーティーに来てくれるようにたのむ」とする。

(8)「～しないように言った」を「『～するな』と言った」に書きかえる。

6 (1) エ　(2) イ

解説 (1)「電子メールが送れるか」の問いに「もちろん」と答えているので，エ「電子メールを送ることは私にとって簡単だ」が適する。

(2)「手伝ってくれる？」に「いいよ」と答えたあとに続くので，イ「私に何をしてほしいの？」が入る。

7 (1) tell him to call me
(2) helped me look for it
(3) easy to ask him to help

解説 (1)「彼に，明日私に電話するように言ってもらえますか」。〈tell＋人＋to ～〉の文。

(2)「トムは私がそれを探すのを手伝ってくれた」。〈help ＋人＋動詞の原形〉の文。

(3)「彼に私を手助けするようにたのむのは簡単ではなかった」。〈It is … to ～.〉と〈ask＋人＋to ～〉が組み合わさった文。

8 (例)(1) It's too cold to swim in the sea today.
(2) It is important to eat a lot of vegetables.
(3) I want them to know more about Japan.

解説 (1)「～するには…すぎる」は〈too … to ～〉で表す。

(2) It is … to ～.の文。動名詞を主語にして，Eating a lot of vegetables is important.でもよい。

(3)〈want＋人＋to ～〉の文。

入試レベル問題に挑戦　（p.73）
(例)① want[would like] you to come to
② be a lot of fun to play it[the game]

解説 ①〈want[would like]＋人＋to ～〉を使って「(人)に～してほしい」の意味を表す。

②「とても楽しい」は a lot of fun で表す。この fun は名詞なので，very fun とは言わない。

総合力テスト ③　（p.74）

1 (1) ア　(2) イ　(3) エ　(4) ア　(5) エ

解説 (1)「私たちのチームはあなた(たち)のチームと同じくらい強い」。〈as＋原級＋as …〉の形。

(2) 2人を比べているので比較級に。「トムとジムとではどちらが年上ですか」。

(3)「彼は今日の午後することがたくさんある」。

(4)「私にそれを見させてください」。〈let＋人＋動詞の原形〉の形にする。

(5) too … to ～で「～するには…すぎる」。「私はその話を理解するには若すぎました」。

2 (1) earliest　(2) bigger
(3) most interesting　(4) best
(5) to go

解説 (1) 前の the から最上級に。「タロウは私たちのクラスでいちばん早く学校に来ます」。

(2) あとの than から比較級に。つづりに注意。

(3) 前の the とあとの of the five から最上級に。

(4) 前の the とあとの in Japan から最上級に。good(よい)の最上級は best。

(5)〈ask＋人＋to ～〉で「(人)に～するようにたのむ」。「私は兄にいっしょに買い物に行くようにたのんだ」。

3 (1) most, important　(2) better, or

　　(3) to, read, more　(4) It's, for, to

解説 (1) important（大切な）を最上級に。

(2)「AとBではどちらがより好きですか」は
Which do you like better, A or B?

(3)「（人）に～するように言う」は〈tell＋人＋to
～〉。many（多くの）の比較級は more。

(4)「～することは－には…です」は It is … for －
to ～. で表す。It's は It is の短縮形。

4 (1) I have something to show

　　(2) Please help me cook dinner.

　　(3) I don't know how to write a letter in

　　(4) taller than any other student in his
　　　class

　　(5) Would you bring me something cold
　　　to drink?

解説 (1) 形容詞的用法の不定詞（to show you）が
うしろから something を修飾する形にする。

(2)「（人）が～するのを手伝う」は〈help＋人＋動詞
の原形〉で表す。

(3)「～のしかた」は how to ～。

(4) 与えられた語から〈比較級＋than any other＋
単数名詞〉の形を使って，「トムはクラスのほかの
どの生徒よりも背が高い」という文にする。

(5)「何か冷たい飲み物」の〈something＋形容詞＋
to ～〉の語順に注意。

5 （例）(1) This picture is not as famous as
　　　that one.

　　(2) Soccer is the most popular sport
　　　in this country.

　　(3) We wanted him to play the
　　　piano.

　　(4) These children have no time to
　　　study.

解説 (1)「…ほど～ではない」は not as ～ as …。

(2)「いちばん人気のあるスポーツ」は the most
popular sport。

(3)「彼に～してほしい」は want him to ～。

(4)「勉強する時間」は time to study。These
children don't have any time to study. でもよい。

6 （例）Kate swam the fastest

解説 of the three（3人の中で）から最上級の文を

考える。解答例は「ケイトは3人の中でいちばん
速く泳いだ」。Kate was the fastest swimmer（of
the three.）などでもよい。

14　受動態［受け身］

Step 1 基礎力チェック問題　(p.77)

① ウ　② ア　③ イ

④ opened　⑤ liked　⑥ tried

⑦ planned　⑧ written　⑨ seen

⑩ had　　⑪ brought　⑫ run　⑬ put

⑭ ア　⑮ ウ　⑯ イ　⑰ ア

⑱ ア　⑲ イ　⑳ イ　㉑ ウ

解説 ① 受け身は〈be 動詞＋過去分詞〉。

②「～によって」は by ～。

③ 過去の受け身は，be 動詞を過去形にする。

④～⑦ 規則動詞。過去分詞は過去形と同じ形。

⑧～⑬ 不規則に変化する動詞。過去形といっしょ
に1つずつ確実に覚えること。

⑭ 受け身の疑問文は be 動詞を主語の前に出す。

⑮ 過去の受け身の疑問文。

⑯ 受け身の否定文は be 動詞のあとに not。

⑰ 未来の受け身（助動詞のある受け身）の否定文
は〈will not be＋過去分詞〉。

⑱ SVOO の過去の受け身の文。もう1つの目的
語の the story は過去分詞のあとに残る。

⑲ take care of をひとまとまりの動詞と考えて，
take だけを過去分詞の taken にする。

⑳ SVOC の受け身の文。補語の Bob は called の
あとに残る。

㉑「～に知られている」は be known to ～。

Step 2 実力完成問題　(p.78)

1 (1) washed　(2) introduced

　　(3) carried　(4) dropped　(5) left

　　(6) lost　　(7) kept　　(8) eaten

　　(9) heard　　(10) done

解説 (1)～(4) 規則動詞。(5)～(10) 不規則動詞。間違
えた語はもう一度確認しておこう。

2 (1) ウ　(2) エ　(3) イ　(4) イ

　　(5) ア　(6) ウ　(7) ウ

解説 (1) 主語の pictures に合う be 動詞は are。「これらの絵は世界中で愛されている」。

(2)「英語は多くの生徒に勉強されている」。

(3)「この歌は約10年前に歌われた」。

(4) be surprised at 〜で「〜に驚く」。

(5) 過去の受け身の疑問文。

(6) 過去の受け身の否定文。

(7) be covered with 〜で「〜でおおわれている」。

3 (1) is, spoken　(2) was, built
　(3) are, cut　(4) was, told
　(5) was, brought　(6) looked, after

解説 (1) 現在の受け身の文。be 動詞は is。

(2) 過去の受け身の文。be 動詞は was。

(3) 主語が複数の現在の受け身の文。be 動詞は are。cut の変化は cut-cut-cut ですべて同じ形。

(4)(5)〈was + 過去分詞〉の形。tell-told-told, bring-brought-brought と変化する。

(6)「〜の世話をする」は look after 〜。

4 (1) Is soccer played by twenty-two players?
　(2) Ken's mother wasn't[was not] helped by them.
　(3) My homework will be finished tomorrow.
　(4) When was this cake made?
　(5) Where was that cap bought?

解説 (1) 受け身の疑問文は be 動詞が主語の前。

(2) 受け身の否定文は be 動詞のあとに not。

(3) 未来の受け身は〈will be + 過去分詞〉の形。

(4) When のあとは,〈be 動詞 + 主語 + 過去分詞 〜?〉の受け身の疑問文の形を続ける。

(5) Where のあとは疑問文の形。

5 (1) is liked by many students
　(2) isn't[is not] taught
　(3) was spoken to by
　(4) can be seen
　(5) are called roses

解説 (1) 受け身の文は〈主語 + be 動詞 + 過去分詞 + by 〜.〉の形。be 動詞は主語と時制にあわせて, is, am, are, was, were を使い分ける。

(2) 受け身の否定文にする。

(3) speak to をひとまとまりの動詞と考える。「私

は外国人に話しかけられました」。

(4) can があるので can be seen の形になる。by us はふつう省略する。「夜, 多くの星が見られます」。

(5) SVOC の受け身の文にする。「これらの花は英語で roses と呼ばれています」。

6 (1) isn't, spoken　(2) were, taken
　(3) was, eaten　(4) was, given
　(5) is, usually, used
　(6) is, liked[loved]　(7) was, sold
　(8) interested, in　(9) was, built

解説 すべて受け身の文にする。

(5) usually はふつう be 動詞のあとにおく。

(6)「この歌手は若い女の子に好かれている[愛されている]」とする。

(7) What は3人称単数なので, be 動詞は was。

(8) be interested in 〜で「〜に興味がある」。

(9)「この寺は1000年前に建てられた」という過去の受け身の文にする。

7 (1) Yes, I, was[we, were]
　(2) No, they, weren't
　(3) They, were, made
　(4) It, was, written
　(5) What, is, called

解説 (1)(2) 受け身の疑問文の答え方は, ふつうの be 動詞の疑問文の答え方と同じ。あとに続く文から Yes か No かを判断する。

(3)「それらは母によって作られた」とする。

(4)「それは村上春樹によって書かれた」。

(5)「この動物は日本語で何と呼ばれていますか」という文にする。

8 (1) is read by a lot of
　(2) It is cleaned by volunteers
　(3) is made from rice
　(4) is sung in many countries

解説 (1)「多くの人々に読まれている」。

(2)「ボランティアによって毎月そうじされる」。

(3) be made from 〜で「〜から作られる」。

(4)「それは多くの国で歌われている」。

9 (例)(1) This cat is called Tama.
　　(2) This book is written in easy English.
　　(3) My birthday party will be held

tomorrow.

解説 (1) Tama は called のあとにくる。

(2)「英語で」は in English。

(3)「(パーティー)を開く」は hold(過去分詞は held)。未来の文なので will be held とする。

① **It was built ninety years ago**

② **The flowers are taken care of by students**

③ **I am interested in beautiful things**

解説 ① ninety years ago とあるので過去の文。was built にする。

② take care of の受け身と考えられるので，are taken care of と最後に of が必要。

③ be interested に続く前置詞は in。

15 動名詞・分詞

Step 1 基礎力チェック問題 （p.83）

① ウ ② イ ③ ア ④ ウ ⑤ イ ⑥ ア

⑦ ア ⑧ studying ⑨ using ⑩ sitting

⑪ swimming ⑫ ウ ⑬ イ ⑭ ア ⑮ イ

⑯ イ ⑰ ウ

解説 ①⑤ enjoy, stop は動名詞を目的語にとる。

②⑥ want, decide は不定詞を目的語にとる。

③ 前置詞のあとにくる動詞は動名詞の形。

④ 動名詞が主語の文。

⑦ remember to ～で「～することを覚えている，忘れずに～する」。

⑧～⑪ -ing 形はしっかり確認しておこう。

⑫～⑮ 前の名詞を修飾するとき，「～している…」なら〈現在分詞＋語句〉の形に，「～された…」なら〈過去分詞＋語句〉の形にする。

⑯⑰ 修飾するのが現在分詞または過去分詞1語のときは，修飾される名詞の前にくる。

Step 2 実力完成問題 （p.84）

1 (1) イ (2) イ (3) エ (4) イ (5) ア

(6) エ (7) エ (8) イ (9) ア (10) ウ

解説 (1)「クミとテニスをしているあの少年はだ

れですか」という文。

(2) finish は動名詞を目的語にとる。

(3) 主語になるのは動名詞か不定詞。「この歌を歌うことは私には難しい」。

(4) made in Germany で「ドイツ製の」。

(5) hope は不定詞を目的語にとる。

(6) 前置詞のあとにくる動詞は動名詞の形にする。

(7)「こけしと呼ばれる日本の人形」の意味。

(8) without ～ing で「～しないで」。

(9)「あの眠っている犬」の意味。

(10)「あそこに見える山は富士山です」。

> ミス対策 日本語訳の「見える」は「見られる」の意味なので過去分詞にする。

2 (1) swimming (2) written

(3) running (4) sitting (5) built

解説 (1) enjoy ～ing で「～するのを楽しむ」。

(2) あとの by ～から過去分詞。「彼のおばさんによって書かれたこれらの本はとてもおもしろい」。

(3)「むこうを走っている子ども」とする。

(4)「ケンのとなりにすわっている少年」とする。

(5)「約100年前に建てられた古い家」とする。

3 (1) made (2) playing (3) going

(4) spoken (5) good, cooking

解説 (1)「私はきのう父によって作られたこれらのクッキーが好きです」という文にする。

(2)「ホワイトさんとテニスをしている少女は私の娘です」とする。

(3) Shall we ～?(～しましょうか)は，How about ～ing?(～するのはどうですか)とほぼ同意。

(4)「オーストラリアで話されている言語は何か」とする。

(5)「私の兄[弟]はじょうずに料理します」を「私の兄[弟]は料理をするのが得意です」に書きかえる。be good at ～ing で「～するのが得意だ」。

4 (1) bought a used car last

(2) the girl listening to music over

(3) for inviting me to the party

解説 (1)「中古車」は a used car。

(2)〈現在分詞＋語句〉が前の名詞を修飾する形。

(3) thank you for ～ing で「～してくれてありがとう」。

5 (例)(1) boy taking pictures is

(2) hobby is taking pictures

(3) is interested in taking pictures

(4) pictures taken by Ken are

(5) enjoys taking pictures on Sundays

解説 (1)「写真をとっている男の子はケンです」という文にする。

(2)「彼の趣味は写真をとることです」。

(3)「彼は写真をとることに興味があります」。be interested in ～ingで「～することに興味がある」。

(4)「ケンによってとられた写真はきれいです」。

> **ミス対策** 主語が pictures と複数なので be 動詞は are になる。

(5)「彼は日曜日に写真を撮ることを楽しみます」。

6 (例)(1) I have an uncle living in Akita.

(2) A boy called Taro came to see you.

(3) How about having[eating] lunch together [with me]?

解説 (1)「秋田に住んでいる」を〈現在分詞＋語句〉で表し，前の an uncle を修飾する形にする。

(2)「太郎と呼ばれている」を〈過去分詞＋語（句）〉で表し，前の a boy を修飾する形にする。

(3)「～するのはどうですか」は How about ～ing? で表す。

16 現在完了形

Step 1 基礎力チェック問題 (p.87)

① イ ② ア ③ ウ ④ ア

⑤ wanted ⑥ tried ⑦ stopped

⑧ been ⑨ seen ⑩ left ⑪ イ

⑫ ア ⑬ ウ ⑭ イ ⑮ イ

⑯ ウ ⑰ ア ⑱ ア ⑲ ウ

解説 ①② 現在完了形は〈have[has]＋過去分詞〉。

③ 疑問文は have[has]を主語の前に出す。

④ 否定文は have[has]のあとに not をおく。

⑤～⑦ 規則動詞。過去形と同じ形。

⑧～⑩ 不規則に変化するので1つずつ覚えよう。

⑪「～から[以来]」は since ～。

⑫「どれくらい（期間）」は How long でたずねる。

⑬「すでに」は already。

⑭⑮ 否定文での「まだ」，疑問文での「もう」はどちらも yet。

⑯「～へ行ったことがある」は have been to ～。

⑰「一度も～ない」は never。

⑱「何回」は How many times でたずねる。

⑲ 動作の継続は現在完了進行形 have been ～ing で表す。

Step 2 実力完成問題 (p.88)

1 (1) イ (2) エ (3) ア (4) イ (5) ア

(6) エ (7) イ (8) ウ (9) ウ (10) ウ

解説 (1) 文末に last year とあるので過去の文。

(2) 主語が3人称単数なので has。

(3) あとの finished から現在完了形と判断する。

(4) I've から現在完了形と判断する。「私はあの時計を長い間ほしいと思っています」。

(5) for three days で「3日間」。

(6) since ～で「～以来（ずっと）」。「私たちは先週から（ずっと）忙しい」。

(7)「いつ日本に来ましたか」という文。

> **ミス対策** 現在完了形は過去のある時点から現在に続くことを表す文なので，過去を表す語句のある文や「いつ？」と時をたずねる When ～? の文で使うことはない。

(8) 否定文での yet は「まだ」。「私はまだどこへ行くか決めていません」。

(9)「3年間（ずっと）彼を知っています」。

(10) 過去を表す yesterday があるので，過去形を選ぶ。

2 (1) It has been rainy since yesterday.

(2) I haven't[have not] played the piano.

(3) Has she read the book before?

(4) Where have you been?

(5) How long have they been working?

解説 (1) 現在完了形は〈have[has]＋過去分詞〉の形。was(be 動詞)の過去分詞は been。

(2) I've not played ～ . でもよい。

(3) has を主語の前に出す。

(4) Where のあとは疑問文の形。

(5) 期間は How long でたずねる。「彼らはどれくらい長く働いていますか」。

3 (1) have, studied　(2) has, never
(3) already, arrived　(4) Has, since
(5) been, waiting　(6) I, have
(7) cleaned, yet　(8) No, yet
(9) How, many, times　(10) many, times

解説 (1) 現在完了形の継続の文。

(2)「一度も〜ない」は never。

(3)「すでに」は already。

(4)「そのときから」は since then。

(5) 動作の継続を表す現在完了進行形。

(6) Have 〜? には have を使って答える。

(7) 疑問文の「もう」は yet。

(8)「いいえ，まだです」は not が与えられているので，No, not yet. と答える。

(9)「何回」は How many times でたずねる。

(10)「何度も」は many times。

4 (1) has, just, left
(2) hasn't, finished, yet
(3) have, been, since
(4) have, read, before

解説 (1)「バスはちょうど出発したところです。私は遅刻するでしょう」。

(2)「彼はまだ夕食を終えていません。彼はまだ食べています」。

(3)「私たちは子どものころからずっとよい友達です」。

(4)「私は前にこの本を読んだことがあります。私はそれを気に入りました」。

5 (1) エ　(2) イ　(3) ア

解説 (1)「レポートを書き終えましたか」という問いへの答えのあとに「今，最後の部分を書いています」と続くので，「いいえ，書き終えていません」という答えが入る。

(2)「今までに海外へ行ったことがありますか」という問いへの答えのあとに「毎年夏にハワイへ行きます」と続くので，「はい，行ったことがあります」という答えが入る。

(3)「はい。2日前に食べました」と続くので，「あなたは刺身を食べたことがありますか」という問いが合う。

6 (1) has, lived　(2) has, been
(3) have, loved, baseball　(4) have, gone
(5) never　(6) has, been, twice
(7) haven't, seen　(8) I've, been, walking

解説 (1) ブラウンさんは2年前に大阪に住み始めて，今も住んでいるので，「ブラウンさんは2年間ずっと大阪に住んでいる」という文にする。

(2)「加藤先生は2000年から音楽の先生です」。

(3)「私は少女のときから野球が大好きです」。

(4) have gone で「行ってしまって，ここにいない」という意味を表す。

(5)「これが沖縄への初めての訪問になるでしょう」ということは「以前に沖縄を訪れたことが一度もない」ということ。

(6)「2010年から2回アメリカへ行ったことがある」とする。「〜へ行ったことがある」はあとに to があるので，have[has] been to で表す。

(7)「私は長い間トムに会っていない」。

(8)「私は今朝からずっと歩いています」。

7 (1) have been interested in music
(2) I haven't eaten this kind of
(3) Has the movie started yet?

解説 (1) be interested in 〜で「〜に興味がある」。「私は長い間ずっと音楽に興味があります」。

(2) 現在完了形の否定文。「私はこの種類の魚を食べたことがありません」。

(3)「映画はもう始まりましたか」。yet の用法に注意。

8 (例)(1) Emi has just come home from school.
(2) I haven't written (a letter) to him for a long time.
(3) How many times have you been to Kyoto?

解説 (1)「帰宅する」は come (back) home で表す。

(2)「彼に手紙を書く」は write (a letter) to him。「長い間」は for a long time。

(3) 回数は How often でたずねてもよい。また，been to は visited としてもよい。

入試レベル問題に挑戦　(p.91)

(例)① How long have you been in Japan?

② **Have you been there yet?**

解説 ① 答えが「5日間です」なので，期間をたずねていると考える。

② 答えが「いいえ，まだです」なので，「もう～しましたか」とたずねていると考える。visit を使って Have you visited it yet? としてもよい。

総合力テスト ④ (p.92)

[1] (1) ウ (2) イ (3) エ (4) ア (5) エ

解説 (1) found と文の意味から受け身にする。

(2)「私は北海道へ一度も行ったことがない」。

(3) enjoy は動名詞を目的語にとる。

(4)「これは中国製のコンピュータですか」。

(5)「あの走っている少女をごらんなさい」。

[2] (1) given (2) reading (3) flying
(4) eaten (5) seen

解説 (1) 前の was と文の意味から受け身にする。

(2) finish は動名詞を目的語にとる。

(3)「山々の上を飛んでいる飛行機をごらんなさい」。

(4)「あなたは今までに納豆を食べたことがあるか」。現在完了形の経験の疑問文。

(5)「ここから見える山がいちばん美しい」。「山」はここから「見られる」ので過去分詞にする。

[3] (1) Is, taught (2) has, been
(3) listening, to (4) written, by

解説 (1) 受け身の疑問文。teach の過去分詞は taught。

(2)「ずっと～している」という動作の継続は現在完了進行形で表す。

(3)「～を聞く」は listen to ～。前置詞 of のあとなので listen は動名詞にする。

(4)「トムが書いた」だが，Tom があとにきていることから「トムによって書かれた」と表す。

[4] (1) is the girl talking with
(2) How long have you been in
(3) have seen some pictures taken by him
(4) wash your hands before eating lunch
(5) What are you called by

解説 (1)「佐藤先生と話している少女はだれか」。talking with ～が前の the girl を修飾する。

(2)「あなたはどれくらいこの市にいますか」。

(3)「彼によってとられた写真を見たことがある」。taken by him が前の some pictures を修飾する。

(4)「昼食を食べる前に手を洗うべきだ」。

(5)「あなたは友だちに何と呼ばれていますか」。

[5] (例)(1) **The boy swimming in the river is my brother.**
(2) **The teacher is loved by a lot of students.**
(3) **I stopped writing the letter to eat [have] dinner.**
(4) **He has wanted the camera for a long time.**

解説 (1) 現在分詞の形容詞用法で表す。「兄」は older[big] brother としてもよい。

(2) a lot of は many でもよい。

(3)「～するのをやめる」は stop ～ing。

(4) 現在完了形の文。「長い間」は for a long time。

[6] (例) **I haven't read it yet.**

解説「まだ～ない」は not ～ yet。

17 関係代名詞

Step 1 基礎力チェック問題 (p.95)

① ア ② イ ③ イ ④ イ ⑤ ウ ⑥ ウ
⑦ ウ ⑧ イ ⑨ ア ⑩ × ⑪ ○ ⑫ ○

解説 ① 先行詞が人で，あとに動詞が続く → who。

② 先行詞が物で，あとに動詞が続く → which。

③⑥ 動詞は先行詞の数に合わせる。

④ 先行詞が物，あとに〈主語＋動詞〉→ which。

⑤ 先行詞が人，あとに〈主語＋動詞〉→ that。

⑦ 先行詞が人，あとに〈主語＋動詞〉→ that。

⑧⑨ 関係代名詞のあとが進行形や受け身のときは，〈関係代名詞＋be 動詞〉を省略して，現在分詞，過去分詞の形容詞用法の文に書きかえられる。

⑩～⑫ 関係代名詞のあとに〈主語＋動詞〉が続く目的格の関係代名詞は省略できる。

Step 2 実力完成問題 (p.96)

[1] (1) ア (2) イ (3) イ (4) ア (5) ウ
(6) エ (7) ア (8) イ (9) ア

解説 (1) 先行詞が人なので who。

(2)「クミによって作られたケーキ」。先行詞は物。

(3)「トムが書いた手紙」。先行詞が物 → which。

(4)「ドアのところに立っている少年」。先行詞は人。

(5) 先行詞が all や everything のときは，関係代名詞は which ではなく that を使う。

(6) 先行詞が「人＋動物」のときは that を使う。

(7) 先行詞に最上級の形容詞がついている → that。

(8) 先行詞が toys と複数なので are。「これらはこまと呼ばれている日本のおもちゃです」。

(9) 主語(The boy)に合う動詞は was。

> **ミス対策** 前の parents につられないこと。

2 (1) which[that] opened last week

(2) who[that] runs the fastest in this class

(3) (that) we met yesterday

(4) (which[that]) I bought at that store

解説 (1)「あれは，先週開店したレストランです」という文にする。

(2)「このクラスでいちばん速く走る生徒はエミです」という文にする。

(3)「私たちが昨日会った背の高い男の子を覚えていますか」という文にする。that は省略可能。

(4)「これは私があの店で買ったバッグです」という文にする。which[that]は省略可能。

3 (1) 医師は病院で病気の人々を助ける人です。

(2) 金曜日の前にくる日は木曜日です。

(3) 夏は私がいちばん好きな季節です。

(4) くじらは海で生きているいちばん大きな動物です。

(5) これは子どもたちがきのう歌った歌の1つです。

解説 (1) who 以下が a person を修飾している。

(2) which から Friday までが The day を修飾している。

(3) I like the best の前に which[that] が省略されている。

(4) that 以下が the biggest animal を修飾。

(5) that 以下が the songs を修飾している。

4 (1) who[that], lives (2) made

(3) who[that], is (4) has

(5) which[that], taken

(6) Bob, painted (7) I, saw

(8) without (9) who[that], was

(10) I, have[that, I've]

解説 (1) live は進行形にはしない。

(2) which was をとって過去分詞の形容詞用法に。

(3)〈関係代名詞＋進行形〉の文にする。

(4)「青い目を持っている」とする。

(5) 関係代名詞を使い「母にとられた写真」とする。

(6)「ボブが描いた」と〈主語＋動詞〉で表す。

(7)「私が駅で会った少年はとても背が高かった」。

(8)「～がない」を without の1語で表す。

(9)〈関係代名詞＋進行形〉の文にする。

> **ミス対策** 過去の文なので，関係代名詞のあとは過去進行形にする。

(10)「私は今までにこんなおもしろい本を読んだことがない」を「これは私が今までに読んだ(中で)いちばんおもしろい本だ」と書きかえる。

5 (1) which, made (2) who, is

(3) I, gave (4) which, was

(5) who, came (6) which, I

(7) who, like

解説 各問とも which, who は that でもよい。

(1)「O を C にする」は make で表す。

(2) 関係代名詞のあとに受け身が続く。

(3)〈主語＋動詞～〉が the book を修飾。

(4)「私の父によって作られたいす」と考える。

(5)「来た」は come の過去形 came。

(6) 空所の数から〈関係代名詞＋主語〉が入る。

(7) who like reading が前の people を修飾する。

6 (1) friend who can swim

(2) the girl who is talking with

(3) you show us the pictures you took

(4) likes the bike his father bought him

(5) kind to everything that has life

(6) The cat which is sleeping on that car is mine.

解説 (1) who can ～が前の a friend を修飾する。

(2) who is talking ～が前の the girl を修飾する。

(3) you took ～が前の the pictures を修飾する。

(4) his father bought him が the bike を修飾。

(5) that has life が前の everything を修飾する。

(6)〈which＋進行形 〜〉が主語の the cat を修飾する形。is mine が最後にくる。

7 (1) eating the cookies I made
(2) of interesting places we should visit in
(3) buy you anything you like
(4) friends I made in Japan

解説 (1)「私はきのう作ったクッキーを食べている」。
(2)「私たちの市には私たちが訪れるべきおもしろい場所がたくさんある」とする。
(3)「好きなものを何でもあなたに買ってあげます」。
(4)「私が日本で作った友だちは私の宝物になるでしょう」という文。

8 (例)(1) I saw[met] an old man who[that] had a big bag.
(2) This is a[the] park (which[that]) we clean every month.
(3) Kyoto is one of the cities (which [that]) Mike wants[has wanted] to visit.

解説 (1)「大きなかばんを持った」を関係代名詞を使って表す。with a big bag としてもよい。
(2)「私たちが毎月そうじする」を関係代名詞の文にし、a[the] park のあとに続ける。
(3)「〜の1つ」は〈one of the＋複数名詞〉。

入試レベル問題に挑戦 （p.99）
(例)① a friend who[that] works
② an[one] apple which[that] looked sweet

解説 ①「私には果物店で働いている友だちが1人いる」という文にする。
②「甘そうに見えたリンゴを1つ」を関係代名詞を使って表す。「〜に見える」は〈look＋形容詞〉。

18 付加疑問・間接疑問

Step 1 基礎力チェック問題 （p.101）

① イ ② ア ③ ウ ④ イ，エ
⑤ イ，オ ⑥ ウ ⑦ イ ⑧ ア ⑨ ア
⑩ ア ⑪ イ ⑫ ウ ⑬ ウ ⑭ ア

解説 ① 前が are なので aren't。
② 付加疑問の主語は代名詞にする。
③ 前の文の動詞が swam なので didn't。
④ 答えが I was と肯定の内容なので Yes。
⑤ 答えが he doesn't と否定の内容なので No。
⑥ 前が can なので can't。
⑦〜⑩ 疑問詞のあとはふつうの文の語順。
⑩ SVOO の文を命令文にした形。
⑪ 疑問詞が主語のときはそのままの語順。
⑫ SVOO の文を命令文にした形。what time でひとまとまりの疑問詞と考える。
⑬⑭ I knew, I didn't know が過去形なので、時制の一致で間接疑問の動詞も過去形にする。

Step 2 実力完成問題 （p.102）

1 (1) ア (2) イ (3) エ (4) ウ
(5) エ (6) ア

解説 (1) 前の動詞が study なので don't。
(2) 前が can なので can't。
(3) 前が doesn't eat と否定形なので does。
(4) That を人称代名詞の it にかえて、isn't it とする。
(5) Let's 〜. の付加疑問は、shall we?。
(6) 主語が3人称単数なので read は過去形とわかる。付加疑問も過去形 didn't となる。

ミス対策 read が過去形であることに注意。

2 (1) who that boy is
(2) what time she will come
(3) what's on the table
(4) where they went last summer
(5) what she wanted

解説 (1) who のあとは〈主語＋動詞〉の語順。
(2) what time のあとはふつうの文の語順。
(3) what が主語なのでそのままの形。「テーブルの上には何があるのかしら」の文に。
(4) where のあとは過去のふつうの文の語順。「彼らがこの前の夏にどこへ行ったか覚えていますか」。
(5) 前が過去形なので、間接疑問の動詞も時制の一致で過去形にする。

3 (1) isn't, it (2) did, they

(3) where, he, lives
(4) how, you, got　(5) who, was

解説 (1) Mt. Fuji を it にして付加疑問は isn't it。

(2) 前が否定文なので，肯定の疑問形に。

(3) where のあとは現在のふつうの文の語順。

(4) how のあとは過去のふつうの文の語順。

(5) who は主語になっている。時制の一致に注意。

④ (1) ウ　(2) エ

解説 (1) 続けてだれのものかを答えているので，
「はい，知っています」という文が入る。

(2) あとの内容が肯定なら Yes，否定なら No と答
える。イ は主語が合わない。

⑤ (1) you know where she is from
(2) Do you know what time it is
(3) me which bus I should take
(4) to read a lot of books, isn't it
(5) do you think Tom is

解説 (1) where のあとは〈主語＋動詞 ～〉。

(2) what time のあとは〈主語＋動詞 ～〉。

(3) which bus を１つの疑問詞と考える。「私はど
のバスに乗るべきか教えてくださいませんか」。

(4) It is … to ～. の文の付加疑問。

(5) 「あなたはトムがどこにいると思いますか」と
いう文になる。主節の動詞が think，believe など
のときは，Yes，No では答えられないので，疑
問詞を文頭に出す。

⑥ (例)(1) It's a fine[nice] day, isn't it?
(2) You've[You have] been to[visited]
Kyoto, haven't you?
(3) Do you know where the library is?
(4) I don't know what she wants to
be.
(5) Please tell me what time the next
bus will leave[start].

解説 (1) It's sunny, isn't it? などでもよい。

(2) 現在完了形の付加疑問にする。

(3) Where is the library? の間接疑問。

(4) What does she want to be? の間接疑問。

(5) tell me のあとは what time で始まる間接疑問。
Please ～. は Will[Could] you ～? などでもよい。

19　接続詞・仮定法

Step 1　基礎力チェック問題　　(p.105)

① ウ　② イ　③ ア　④ ア　⑤ ア

⑥ イ　⑦ ウ　⑧ ア　⑨ ア　⑩ ウ

⑪ イ　⑫ イ　⑬ ウ　⑭ ウ

解説 ①～③ and, but, or, so の用法。

④ 接続詞の that。イ は「あの」，ウ は関係代名詞。

⑤～⑦⑨⑩ 時を表す when, until や条件を表す
if, 譲歩を表す though(～だけれども)の用法。

⑧ 時制の一致で，thought に合わせて過去形に。

⑨ if ～, when ～ の中では未来も現在形で表す。

⑪ 「とても～なので…」は so ～ that …。

⑫ 現実とは違う仮定法の文では過去形 would を
使う。

⑬ 仮定法の文では if ～ の中に動詞の過去形を使
う。

⑭ 仮定法の文では be 動詞は were をよく使う。

Step 2　実力完成問題　　(p.106)

① (1) イ　(2) エ　(3) ア　(4) ウ　(5) イ

(6) ア　(7) ウ　(8) ウ　(9) イ　(10) ア

解説 (1) 「アンか私のどちらか」の意味。

(2) 「彼は教師になりたいので」と理由を表す。

(3) 「以前は～だが，今は…」の文。but で結ぶ。

(4) 「～しながら，～している間に」は while ～。

(5) 「…，だから～」は，…, so ～。

(6) 「～のとき」は when ～。

(7) 「もし時間があれば買い物に行きませんか」。

(8) not only A but also B で「A だけでなく B も」。

(9) 仮定法の文。I were の形に注意。

(10) when ～の中では未来のことも現在形。

② (1) or　(2) and　(3) since
(4) wish　(5) that　(6) though

解説 (1) 「～か…」は or で表す。

(2) go to the park と take a walk を and で結ぶ。

(3) since は現在完了形とともに使うことが多い。

(4) wish で願望を表す仮定法の文。

(5) 〈tell＋O＋that ～〉の文。

(6) 「～だけれども」は though で表す。

③ (1) both, and　　(2) as, soon